성공하는 대통령의 통치철학

– 정치개혁이 필요한 시간 –

조해경 지음

신아사

프롤로그

1945년 일제 강점기에서 해방된 이후 시작된 한국 정치사는 이제 70여 년을 넘어섰다. 그동안 한국은 경제적 차원에서는 후진국형 경제와 개발도상국형 경제 단계를 거쳐 현재는 선진국형 경제대국에서 세계 7위권의 초일류 경제대국으로 비약적인 발전을 지속해 나가고 있다.

반면 한국의 정치발전은 어떠한가.

한국 정치는 경제 발전과는 대조적으로 현재까지 아프리카 신생국형의 후진국형 정치행태를 벗어나지 못하고 있는 실정이다.

그러면 누가 한국정치를 이지경으로 만들어 버렸는가.

그 책임은 위정자인 대통령과 국민 모두에게 책임이 있다고 할 수 있다.「미국 민주주의」 저자인 프랑스 정치학자 알렉시스 토크빌은 "한 국가의 민주주의 수준은 그 국가의 국민들의 민주주의에 대한 의식수준을 의미한다."라고 말하고 있다.

그러면 과연 토크빌의 말과 같이 한국 국민들의 정치의식수준이 아프리카나 인도네시아, 미얀마 등과 같은 후진국 수준 정도에 이르고 있는가.

그렇지 않다고 본다.

공산주의 이론을 창안한 마르크스의 자본론에서 마르크스는 국가의 구성을 하부구조와 상부구조로 나누어서 하부구조인 생산양식 즉 경제구조가 상부구조인 정치, 사회, 문화의 형태를 구성한다고 한다. 마르크스의 이론에 의하면 한국의 정치문화 수준은 경제발전의 모델을 바탕으로 분명히 선진국형 정치모델 수준에 도달했어야만 한다. 분명 한국의 경제 구조가 선진국형 구조이기는 하지만 선진국보다는 양극화 현상 등을 포함한 표면에 나타나지 않는 이면에 정치경제적 관점에서 후진국형 요소들이 잠재되어져 있다고 할 수 있다.

후진국형 정치적 요소들은 한국 특유의 대통령제의 리더십 등을 문제로 지적할 수 있다.

미국 등 선진국의 대통령제의 유형과는 달리 한국의 정치풍토가 현재 한국을 후진국형 정치국가로 만들어 버리고 있다고 할 수 있다. 한국 특유의 정치풍토는 1. 지역할거주의, 2. 보수와 혁신 간의 극심한 대립, 3. 승자독식주의, 4. 부의 불균형으로 인한 심각한 양극화 현상, 5. 남북분단으로 인한 이념 대립(보수꼴통과 좌파 빨갱이), 6. 대통령 등 최고 지도자의 리더십 부족, 7. 정치인과 관료들의 권력형 부정부패 등의 요소를 지적할 수 있다.

이러한 와중에 유권자인 국민들은 처음에는 후보자의 포퓰리즘적 공약에 속아서 후보자를 선출한 후에는 돌아서서는 잘못 뽑았다고 후회를 하지만 그때는 이미 늦은 상태에 있다.

이제 우리에게 필요한 것은 바로 미국, 유럽 등의 정치선진국의 정치수준으로 정치발전을 하여야만 한다.

그러면 정치발전이란 무엇인가.

정치발전에 대한 명확한 개념 정립은 학술적인 차원에서 아직까지 모호한 상태에 있기는 하지만 한마디로 요약하면 「문명충돌론」으로 우리에게 알려진 하버드 대학의 사뮤엘 헌팅톤의 이론을 빌리면 정치발전 = 제도화라고 할 수 있다.

한국의 정치발전을 헌팅톤의 이론에 적용하면 앞에서 언급한 1. 지역패권주의, 2. 보수와 혁신 간의 극심한 대립, 3. 승자독식주의, 4. 부의 불균형으로 인한 심각한 양극화 현상, 5. 남북분단으로 인한 이념대립, 6. 대통령 등 최고 지도자의 리더십 부족, 7. 정치 관료들의 권력형 부정부패에 대한 요소들을 개선해 나가야만 한다고 할 수 있다.

이 중에서 가장 중요한 요소가 바로 최고 지도자인 대통령의 리더십이다. 어떻게 지역주의의 목을 칠 것인가. 보수(보수꼴통)와 혁신(좌파 빨갱이) 간의 심각한 대립은 어떤 방식으로 통일할 것인가. 빈부격차로 인한 양극화는 어떻게 해결할 것인가 등이 거시적인 안목에서 대통령인 최고 지도자의 리더십의 몫이다.

이상의 요소들에 대한 정치개혁의 중심에 선 인물이 바로 대통령이기 때문이다.

지난 70여 년간 한국의 유능한 정치인들은 지역할거와 보수혁신 대립 등의 원인으로 인해 추풍낙엽처럼 정치권에서 멀어지고 말았다. 그리고는 상당수가 뇌물형 비리 등으로 인해 옥고를 치렀다.

동시에 정치 지도자를 선택한 유권자인 국민들은 어떠한가.

국민들은 정치인들에 대한 불신감과 함께 "그 나물에 그밥"이라는 허탈감과 함께 정치의 무관심 현상으로 돌아서고 말았다. 이러한 국민의 정치에 대한 불신과 무관심이 결국은 한국의 정치발전을 저해하여 현재 한국을 정치후진국형으로 만든 근본적인 원인이다.

프랑스 혁명의 원동력을 제공한 「고상한 야만인」으로 유명한 프랑스 사회계약론자인 장 자크 루소는 "모든 것이 정치로 시작해서 정치로 끝난다"라는 논리를 그의 명저 「사회 계약론」에서 역설하고 있다.

이처럼 정치는 중요하다. 그 정치에 중심에 선 인물이 바로 대통령이다. 그렇기 때문에 유권자인 국민들은 후보자들의 달콤한 공약에 속을 것이 아니라 철저한 검증을 통해서 올바른 능력의 소유자를 선택하여야만 한다. 프랑스 혁명사를 쓴 토마스 카알 라일은 "실패한 위정자는 반드시 천벌을 받아야만 한다."라고 말하고 있다.

우리나라의 지난 70여 년 동안의 최고 정치 지도자인 대통령들은 모두가 다 실패한 대통령으로 역사에 남아있다.

본론에서 역대 대통령들의 실패한 원인들을 자세하게 설명하고자 한다.

역사학의 아버지 레오폴드 폰 랑케는 "한 인간에 대한 평가는 그 사람의 관 뚜껑을 덮은 후에 평가하여야만 한다."라고 한다. 그동안 한국은 많은 대통령을 배출했다. 현직 대통령에 대한 평가는 랑테의 말과 같이 퇴임 후로 미루기로 한다.

초대 대통령인 1공화국 이승만은 4.19 학생혁명으로 망명하였다. 2공화국 내각제 총리인 장면은 5.16 군사정변으로 실각되었다. 3-4

공화국의 박정희는 리더십의 부재로 인해 부하에게 암살당했다. 5공화국의 전두환은 쿠데타와 철권정치로 인해 감옥살이로 모든 것이 박탈당했다. 6공화국의 노태우 역시 군사 쿠데타와 부정부패로 인해 감옥행과 명예가 박탈되었다. 김영삼 역시 가족과 주변의 인물들의 비리로 인해 명예가 실추되었다. 김대중은 가족과 주변 인사들의 비리로 인해 명예에 큰 손상을 가져 왔다. 노무현은 스스로 목숨을 끊은 개인적으로 불행한 생을 살았다. 이명박은 개인적인 부정과 부패 및 가족들의 비리로 인해 감옥살이를 하는 불명예를 지니고 있다. 박근혜는 측근의 국정농단 사건으로 인해 임기를 채우지 못하고 현직에서 감옥살이를 하는 불명예를 떠안게 되었다.

이제 우리는 과거 민주화 개척자들이 이루어 놓은 민주주의와 경제 선진화가 빛바랜 백일홍이 아닌 더욱더 빛을 발하는 백일홍이 되기 위해서 노력을 기울어야만 한다. 그러기 위해서는 과거의 비운의 역사를 되풀이 하지 않기 위해 능력있는 대통령을 선택하는 일이다.

서양의 민주주의는 여러 단계를 거쳐서 현재의 민주주의가 정착을 하게 된다. 미국 역시 국민들의 노력으로 인해 현재의 초강대국으로 발전하였다.

미국은 초기부터 영국의 민주주의 제도를 거부하였다. 한 가족이자 형인 영국의 정치제도는 민주주의가 가장 발달된 의원내각제다. 그런데 미국은 그것을 거부하였다. 존 로크의 개인주의와 프로타고라스의 만물의 척도는 인간이다.라는 사고를 바탕으로 토마스 페인의 상식론에 근거하여 민주주의의 토대를 마련하였다. 바로 현재 미국식 대통령제다. 한국도 해방 이후 미국의 신탁 통치하에 있었기 때문에 미국식 대통령제를 택하였다. 한국이 택한 대통령제가 결국 한국식 황제 대통령제를 만들고 말았다.

70년 광란의 역사 속에서 벗어나기 위해서는 우리에게 필요한 것은 무엇인가. 바로 우리에게 맞는 민주주의를 정착시키는 일이다. 우리는 과거 우리의 선조들이 이루어 놓은 세계 10위라는 경제브랜드의 기반이 있다. '소도 등 비빌 곳이 있어야 일어설 수 있다'는 말과 같이 우리는 이제 든든한 경제적 기반을 가지고 있다.

우리는 바로 초일류 국가로 성장할 모든 조건을 갖추고 있다. 경제대국을 하부구조로 하여 상부구조인 정치, 사회, 문화, 예술 등 모든 분야에서 세계 강대국으로 비약할 수 있는 조건을 갖추고 있다. 과거 서양인들의 전속물인 각종 운동경기에서 우리는 두각을 드러내고 있다. 월드컵 4강을 비롯하여 여자 골프 등 모든 면에서 선진국 수준으로 달려 나가고 있다.

그러나 아직까지 선진국 수준에 이르지 못한 것은 바로 정치다. 정치와 경제가 서로 어우러져 조화를 이루어 나가야만 한다.

그러면 한국이 정치 후진국에서 벗어나는 일은 힘든 일인가.

그렇지 않다고 본다.

그 이유는 바로 우리는 경제가 단단한 기반을 이루고 있기 때문이다. 이제 정치도 초일류국으로 도약할 수 있다. 초일류국 정치발전을 하기 위해서는 형식적 개혁이 아닌 우리에게 맞는 실질적인 개혁이 필요하다. 그 개혁은 이제까지 정부가 화려한 말만 내세우는 그러한 개혁으로부터 벗어나서 실질적인 사회 전반적인 개혁이 필요하다. 그 개혁의 차원은 개혁이 아닌 혁명 수준의 개혁을 요구한다.

「혁명의 해부」의 저자인 크래인 브린톤은 일반적으로 혁명은 위로부터의 혁명, 옆으로부터의 혁명, 밑으로부터의 혁명으로 나누고 있다. 우리에게 필요한 것은 바로 밑으로부터의 혁명이다.

위로부터의 혁명이란 정부의 정책결정자를 비롯하여 권력을 쥐고 있는 소수그룹의 사람들에 의해서 이루어지는 개혁을 말한다.

옆으로부터의 혁명은 중산층의 사람들에 의한 개혁을 말한다.

밑으로부터의 혁명이란 무엇인가. 바로 "국민의 국민에 의한 국민을 위한" 개혁인 것이다.

그러기 위해서는 우리는 앞으로 국정을 운영할 최고 책임자인 대통령을 잘 뽑아야만 한다.

우리 헌법에서 명시된 것처럼 모든 권력은 국민으로부터 나온다. 과거 군인들은 말했다. "모든 권력은 총구로부터 나온다, 총대 맨 사람이 바로 권력자"라고 했다.

과거 70년의 잘못된 역사는 바로 국민에게 책임이 있다. 그 이유는 국민이 독재를 허용하고 관망하고 있었기 때문이다.

막스 베스는 말한다. 동양의 역사를 세계사에서 빼어버리자고. 그 이유는 중국을 비롯한 국가들은 황제의 독재정치에 저항하지 못하고 혁명을 하지 않았기 때문이다.라고 한다.

이제 우리에게 필요한 대통령을 선택하는 기준은

1. 지역할거주의 타파, 2. 보수와 혁신 간의 극심한 대립 타파, 3. 승자독식주의 제거(5년 단임제에서 4년 연임 또는 내각제), 4. 부의 불균형으로 인한 심각한 양극화 현상 해소(문제는 경제다), 5. 정치인과 관료들의 권력형 부정부패를 척결할 수 있는 능력을 소유한 대통령이라야만 장래 한국은 발전하게 된다.

끝으로 이 책을 완성하는데 끝까지 수고를 아끼지 않으신 정현걸 대표님과 편집부 이하 많은 분들께 감사의 말씀을 드리고자 한다.

녹음 우거진 개화산 기슭에서 유유히 흐르는 한강을 바라보며

2021년 8월
조해경

목차

제1장 대통령의 조건

제2장 한국 역대 대통령의 성공과 실패 원인 분석

제1장

대통령의 조건

1

정치인은 악마의 포로가 되어서는 안 된다

일반적으로 정치인에 대해서 정의를 내리면 정치인이란 권력욕이 비상하게 강한 인간을 말한다. 정치란 강제력이 없이는 해결할 수 없는 문제와 씨름하는 인간 행위이다. 그런데 강제력에는 악마가 숨어 있다. 정치란 어떤 의미에서 이 악마와의 제휴이며 거래인 것이다.

정치는 인간의 구제를 꾀하는 성자의 일은 아니다. 참다운 정치인이란 악마의 포로가 되어서는 안되며 악마를 충분히 이해하고 억제할 수 있어야 한다.

정치인이란 권력을 상대적으로 강조하고 자아에 대해서 권력으로 요구하며 권력 습득의 기능에 익숙한 사람을 말한다. 정치인이란 권력과 이권을 위해서 열중한다. 정치인은 정치체제 속의 최고의 지위에 이르는데 필요한 능력을 가지고 있으며 그 능력을 유지하는 방법도 알고 있는 인물이다. 정치인은 높은 정치이념과 청렴한 인격에 의해서 수많은 유권자의 지지를 얻을 수 있어야 한다. 또한 통찰력으로 사회의 욕구를 파악하여 국민을 인도하는 인물이며 다음 세대를 고려할 줄 아는 인물이다.

정치인이 되는 동기는 다양하다. 그러나 일반적으로 선천적으로 정치적 인간이 존재하는 것이 아니다. 정치적 인간은 조기 체험이 동기가 되어서 정치적 인격이 발전한다. 정치인이 되는 인격형성에는 가치 박탈이 필요하다. 권력을 추구하는 가치 박탈은 너무 커서는 안 된다. 가치 박탈이 너무 큰 경우에는 만사가 끝났다고 느끼고서 권력 추구를 하지 않게 된다.

가치 박탈에 대한 보완이 권력을 획득함으로써 가능하다고 생각한다. 또한 생활 환경이 정치적 분위기가 형성되는 경우 가치 박탈에 의한 정치화의 가능성은 더욱 강화된다.

일반적으로 볼 때 정치적 인간은 존경을 받고자하는 타고난 욕망을 가지고 있다. 또한 1차적 환경에 의해서 가치 박탈로 말미암아 잃어버린 것을 보완할 수 있다고 생각한다. 여기에다 사적 동기를 공적 목표로 바꾸어 놓고서 공공의 이익이라는 명분으로 사적 이익을 합리화하는 사람이다. 정치인은 정치경쟁장에서 필요로 하는 최소한의 기능과 자질을 갖추고 있어야 한다.

정치적으로 성공한 사람이란 권력목표 추구에서 성공한 사람을 말한다. 성공한 정치인의 공통적 특징은 자기가 속해있는 정치 조직 내에서 없어서는 안 되는 사람이다. 또한 경쟁자들을 능가하는 외향적 활동력을 지닌 사람을 말한다. 아울러 자기 주변 환경을 적극적으로 개선할 수 있는 능력을 지닌 사람을 말한다.

정치인으로 성공하기 위해서는 그 시대에 맞는 인물이어야 한다. 전쟁기와 평화기의 정치인은 다르다. 그 시대에 따라서 정치인은 관료형과 선동가형 등 여러 가지 형태가 나타나게 된다.

정치인으로 성공하기 위해서는 지적인 면에서나 신체적으로나 정서적으로 조건을 갖추어야 한다. 대중에 대해서는 호응을 얻을 수 있는 설득력이 있어야 하며 공감을 얻을 수 있는 설득력을 가지고 있어야 한다. 또한 조직을 결합할 수 있는 능력과 대중 앞에서 연기를 할 수 있는 능력을 갖춘 사람이어야 한다. 아울러 사회에 대해서는 민감한 통찰력과 강력한 의지력과 체력을 갖추어야 한다.

고대 그리스 시대부터 정치인의 통치술과 정치인으로 갖추어야 할 자질에 대해서 논의가 끊이지 않고 있다. 플라톤은 정치인의 통치술을 양을 모는 목동에 비유하고 있다. 목동은 양들이 위험한 곳으로 가지 않도록 잘 인도하여야 한다. 양들은 일반 대중을 의미하며 정치인은 목동을 의미하고 있다.

정치인의 자질에 관해서도 많은 논의가 되어 왔었다. 플라톤은 정치인을 동굴론에 비유하고 있다. 정치인은 동굴 속에 묶여져 있는 일반 대중을 위해 위험을 무릅쓰고 동굴로 들어가서 구출해 낼 수 있는 지혜와 용기를 갖춘 사람이어야 한다는 것이다.

플라톤은 정치인의 통치술을 군인이 부하를 다스리는 통치술, 선생이 학생들을 지도하는 통치술, 재판관이 재판을 하는 통치술과 구별하고 있다. 정치인의 통치술은 이들의 통치술보다 한 단계 높은 이성에 의한 합리적인 통치술을 요구하고 있다. 플라톤은 정치인의 통치술을 종합예술에 비유하면서 정치인의 통치술의 중요성을 강조하고 있다.

아리스토텔레스는 파티에 초대된 손님이 음식을 만든 요리사보다 더 음식맛을 잘알며 집을 지은 목수보다도 집에 들어가서 사는 사람이 집을 잘 지었는지 아닌지를 더 잘 구별할 수 있다고 했다. 또한 배가 좋은 배인지 아닌지는 그 배를 만든 사람보다 직접 배를 모는 항해사가 더 잘 안다는 것이다. 이러한 아리스토텔레스의 말은 바로 현대 민주주의의 간접 민주주의와 이러한 간접 민주주의 제도하에서 국민을 대표하는 정치인의 중요성을 의미하는 것이다.

정치인은 민주주의 시대에 있어서는 국민의 대표자로서 역할을 하여야 한다. 국민들이 직접 참여할 수 없는 회의나 일 등을 대표자를 통해서 하도록 하고 있다.

그런데 정치인에 대한 불신은 정치 선진국이나 후진국 모든 국가에서 공통적으로 존재하고 있다. 미국과 같이 정치적으로 선진화된 국가에서 조차 정치인에 대한 불신이 큰 상황인데 우리나라와 같이 정치적으로 후진성을 면하지 못하는 국가에서는 정치인에 대한 불신은 아주 크다.

한국은 해방된 지 수십 년이 지난 상황에서 정치인들의 자질을 보면 갈수록 정치인 자신과 가족을 위해서 당선되려고 노력하고 있다. 해방 이후 한국의 정치인들은 대부분 일본으로부터 해방되어서 독립운동을 하던 인사들로서 구성되었다. 따라서 당시 대부분의 정치인들은 국가와 민족을 위해서 일하는 일꾼으로 국민들의 눈에 보였다.

그 후 군사정권이 들어서면서 군 출신과 사회 각계각층을 대표하는 민간인들로 구성되었다. 이 시기만 해도 정치인에 대한 국민들의 존경심은 어느 정도 가지고 있었다. 대부분의 국민들은 정치인들의 개인적인 자질이 국민들이 가지고 있는 경력보다 낫다고 생각했기 때문이다.

그러나 최근 들어 정치인에 대한 존경심은 사라지기 시작했다. 일반 국민들은 정치인들을 사회에서 가장 부패한 집단으로 간주하기 시작했다. 따라서 사회에서 정치기피 현상이 나타나기 시작하면서 정치에 직접 참여하는 정치인의 자질이 떨어지기 시작했다.

최근 들어 한국의 국민들은 정치인에 대해서 정치인 자신이 가지고 있는 능력보다도 높은 점수를 주려고 하지 않는다. 정치인들이 국민들로부터 불신을 받는 이유는 아직까지 한국의 정치가 제도화되지 못한 수준에서 정치 후진성을 면하지 못하고 있는 실정이 가장 큰 이유다. 특히 선거만 끝나면 선거자금 문제로 잡혀들어가는 정치인들의 모습을 보고 국민들은 정치인에 대해서 실망과 분노를 금하지 못한다.

따라서 한국의 정치인들이 신뢰를 회복하기 위해서는 우선 정치발전을 위한 제도화 장치가 필요하다. 사뮤엘 헌팅톤은 정치발전이란 정치의 제도화를 의미한다고 했다. 정치의 제도화란 한마디로 요약하면 한국풍토에 적합한 정치체제를 만들어서 운영해 나간다는 말이다. 정치인이 선거만 끝나면 자금문제로 문책 당하는 것을 막기 위해서는 자금법을 확실하게 정비하여 비리가 없도록 한다는 말이다. 한국의 정치발전을 위해서는 국가와 국민이 힘을 합쳐서 정치의 제도화를 시키는 일이 가장 시급한 일이다.

정치인의 신뢰 회복과 함께 우리나라의 암적 존재인 지역주의에 대해서 선거때만 되면 지역주의를 일부 정치인들은 부추기는 경향을 초래하고 있다. 물론 선거때는 바람몰이가 필요하기 때문에 선거전략상 지역주의는 필요하다. 그러나 거시적인 차원에서 한국의 정치발전을 위해서 지역주의를 부추겨서는 안된다고 본다.

지역주의를 바탕으로 활동해온 3김씨가 모두 정치권에서 물러나 이제는 고인이 되어서 지역주의 현상이 약화되기는 했지만 아직까지도 지역주의의 잔재는 후대 정치인들이 풀어야 할 숙제로 남아있다.

2

초일류 국가를 만들기 위한 대통령의 리더십

A. 리더십은 예술 중의 예술

아리스토텔레스는 인간은 사회적 동물이기 때문에 절대로 혼자서 살 수가 없으며 죽는 날까지 사회생활을 하여야만 하는 운명을 타고 났다고 했다. 장자크 루소는 그의 "고상한 야만인"에서 인간은 자연 상태에서는 생존할 수 없기 때문에 인간의 근본은 정치로 시작해서 정치로 끝난다는 것이다. 루소가 말하는 정치란 통치술인 리더십을 말한다.

아리스토텔레스의 스승이자 소크라테스의 제자인 플라톤은 통치술을 예술 중의 예술로 보고 있다. 플라톤은 그의 명저 국가론 즉 공화국에서 통치술에 대해서 상당한 비중을 두고 있다. 플라톤은 최고의 통치자는 철인이어야만 한다. 플라톤이 말하는 최고 통치자는 왕을 의미한다. 다시 말하면 왕은 철인이어야만 하는 철인통치 정치를 주장하고 있다. 여기서 플라톤이 말하는 철인은 철학자가 아닌 지식인을 말한다. 철인은 "덕이 곧 지식이다"라는 덕을 바탕으로 한 통치를 하여야 하기 때문에 철인만이 훌륭한 리더십을 발휘할 수 있다는 것이다.

여기서 왕의 리더십인 덕이란 지혜와 용기와 절제와 정의를 말한다.

플라톤은 통치술을 철인, 즉 왕이 대중들에게 하는 통치술, 장군이 부하 군인들을 통치하는 통치술, 선생이 학생들에게 하는 통치술, 종교인이 교인들에게 하는 통치술, 의사가 환자에게 하는 통치술, 목동이 양들에게 하는 통치술 등 여러 종류의 통치술에 대해서 논하고 있다.

통치술은 대상에 따라서 다르게 발휘하여야 한다. 만약 왕이 군인들에게 통치술을 발휘하는 경우에는 군인들에 맞는 통치술을 발휘하여야 한다는 것이다. 왕이 군인들에게 일반 대중들에게 맞는 통치술을 발휘하는 경우 그 통치술은 효력을 발휘하지 못한다는 것이다.

중국 한나라의 명장이자 명신인 한신과 한고조 유방의 리더십에 대한 유명한 일화가 있다. 유방이 명신하인 한신에게 자신은 얼마나 많은 군을 거느릴 수 있는가라고 물었다. 이에 한신은 한고조 유방은 군사 약 10만 명을 거느릴 수 있다고 했다. 그러자 고조는 한신에게 한신 장군은 얼마나 거느릴 수 있는가라고 물었다. 이에 한신은 저는 다다익선, 즉 많으면 많을수록 좋습니다.라고 말했다.

그러자 화가 난 유방이 한신을 죽이려고 하자 한신은 저는 단지 전장을 누비는 병졸들 10만 명을 거느리는 장수에 불과합니다. 그러나 한고조 유방은 병졸 10만 명을 거느리는 장수 10만 명을 거느리는 장수이다.라고 말해서 한고조 유방이 한신을 석방했다는 유명한 일화가 있다. 여기서 한신은 자신은 단지 부하 군인들을 통치하는 리더십이며 한고조 유방은 장군들을 통치하는 리더십을 발휘하기 때문에 차원이 다르다는 것을 의미한다.

플라톤이 말하는 통치술은 조직의 특성에 맞는 리더십을 발휘하여야 하며 자신의 위치에 따라서 다른 통치술을 발휘하여야 통치술이 효력을 발휘할 수 있다는 것이다. 플라톤은 왕의 통치술은 모든 인간을 통치하기 때문에 왕이 발휘하는 리더십은 가장 힘든 예술이며 예술 중의 예술이라고 평가하고 있다. 그만큼 정치인 중에서도 대통령의 리더십은 힘이 들며 동시에 중요하다는 것을 말한다. 또한 복잡하고 종합적인 리더십이라는 것이다.

리더는 아주 특별한 경우는 타고난다. 구약에 나오는 이스라엘 민족의 초대 왕으로 추대된 사울이나 다윗왕의 아들 솔로몬은 타고난 리더들이었다. 이들의 리더십을 카리스마라고 한다. 카리스마는 솔로몬 왕이나 사울 왕과 같이 하늘에서 부여한 능력으로서 타고난 리더십을 가진 리더들을 말한다.

대부분의 사람들은 선천적으로 타고난 것이 아니라 후천적인 노력에 의해서 리더십이 만들어진다. 대부분의 리더들은 자신의 노력에 의해서 리더십을 발휘한다. 훌륭한 리더는 플라톤이 말하는 것과 비교해서 지혜롭고 용기와 절제와 정의를 바탕으로 한 리더십을 공통적으로 요구하고 있다.

영국의 유명한 정치인 디즈레일리는 자신은 그들의 리더이므로 그들을 따라야만 한다는 말을 하고 있다. 리더이기 때문에 자신이 그들을 따라야만 한다는 지배자가 아닌 종으로서 섬기는 리더십의 중요성에 대해서 말하고 있다.

타고난 리더십에 대해서 최초로 카리스마라는 말을 사용한 막스 베버는 20세기의 카리스마는 색다른 생각과 아이디어로 조직을 이끌 수 있는 리더십을 말한다. 리더에게 필요로 하는 리더십은 열정과 용기와 비전을 가지고 업무를 추진해 나가는 리더십이다.라고 막스 베버는 리더십에 관한 정의를 내리고 있다.

현대의 막스 베버가 보는 리더십과 고대의 플라톤이 보는 리더십은 거의 일치하는 공통점을 가지고 있다.

그들이 주장하는 공통점은 열정과 용기와 비전이다. 플라톤은 그의 유명한 동굴론에서 리더는 수천 길 깊고 캄캄한 동굴 속에 갇혀서 쇠사슬에 묶여져 있는 사람들을 위험을 무릅쓰고 내려가서 그들을 구해서 밝은 세상으로 인도해야만 하는 의무를 지니고 있다. 이것은 리더는 위험한 동굴로 뛰어 들어갈 수 있는 용기를 가지고 있어야 한다는 것이다.

다음으로 리더는 동굴 속에 갇혀서 절망에 빠져있는 사람들에게 밝은 세상으로 인도할 수 있는 비전을 제시할 수 있어야 한다는 것이다. 마지막으로 리더는 동굴 밖으로 나온 사람들에게 비전을 제시함과 동시에 그들이 활발하게 활동할 수 있는 열정을 불어넣어야 하며 리더 자신이 열정을 가지고 있어야 한다는 것이다.

막스베버의 카리스마나 고대 플라톤의 통치술이나 현대 사회가 요구하는 리더십과는 공통점을 가지고 있다. 대통령의 리더십 역시 이러한 리더십 정신을 바탕으로 하여야만 한다.

그러면 글로벌 시대에 초일류국가가 되기 위해 한국이 필요로 하는 대통령은 어떠한 리더십을 필요로 하는가?

B. 신뢰가 가장 우선이다

정치선진국인 미국에서 대중들이 가장 많이 사용하는 말은 무엇인가. 바로 정치인과 자동차 중고상의 말은 절대로 믿어서는 안된다. 라는 말이다. 이 말이 담고 있는 진정한 의미는 무엇인가. 정치인을 자동차 중고상과 비교하여 자동차 중고상들은 고객의 눈을 속여서 고장 난 자동차를 살짝 수리해서 팔아 버리면 그만이다. 동시에 정치인도 선거 때만 되면 인기에만 편승하는 공약을 남발하여 표만 받으면 그만이다. 이 경우 자동차 중고상과 정치인은 이미 국민들에게 신뢰성을 상실하고 말았다.

민주주의가 가장 발달한 미국에서 조차 정치인에 대해서 중고자동차 상인과 같은 장사꾼에 비하시키고 있다. 정치 선진국인 미국에서조차 정치인에 대해서 평가 절하하고 있는 것이다. 민주주의의 원조인 영국에서는 정치가는 다음 세대를 내다본다. 그러나 정치인은 다음 선거를 내다본다. 이것이 정치가와 정치인의 차이다. 바로 정치는 다음 선거를 보지 말고 다음 세대를 내다보며 정치를 하여야만 한다는 것이다. 그러한 경우 정치는 진정한 국민을 위한 정치가 되고 정치인 스스로도 역사에 남는 정치인이 되는 것이다.

대통령에게 가장 필요한 것은 신뢰다. 선거에서 제시한 공약은 당선된 후에는 반드시 지켜야만 한다. 만일 자신이 공약한 것을 지키지 못하는 경우 신뢰를 상실하게 된다. 한번 무너져 버린 신뢰를 회복하는데는 약 3배 정도의 노력이 필요하다고 심리학자들은 말한다. 유명한 이솝우화인 늑대와 여우에서 늑대가 나타났다고 거짓말을 하는 소년은 두 번까지 사람들은 속아서 소년을 구출하려고 나왔다. 그러나 세 번째 진짜 늑대가 나타나자 마을 사람은 아무도 나타나지 않았다. 결국 소년은 늑대에게 물려서 죽었다.

정치인을 비롯한 대통령의 리더십은 신뢰를 바탕으로 하는 리더십을 발휘하여만 국민들이 믿고 따른다. 신뢰는 높은 도덕성과 강한 책임감과 뛰어난 업무능력을 필요로 한다. 대통령이 신뢰를 얻기 위해서는 어느 특정 집단이나 지역 등에 대해서 편애하거나 인사상의 특권을 주어서는 안 된다. 특히 한국은 지연, 혈연, 학연 등 자신과 관련이 있는 곳을 선호하는 경향이 있다. 그러나 대통령은 이러한 점에서는 냉정하고 공정하게 처리하여야만 한다.

이러한 인식을 국민들이 오해하지 않도록 그들에게 한 점을 깍아내려야만 한다. 또한 친인척 비리나 공직자들 비리에 대해서는 추상같은 호령과 엄격하고 무거운 벌을 내려야만 한다. 그래야만 국가의 기강이 바로 선다. 삼국시대 제갈공명이 자신과 가장 친한 친구가 전쟁에서 패하자 울면서 목을 베었다. 이것을 읍참마소라고 한다. 또한 대통령은 국가운영에 대한 분명한 철학과 원칙을 제시하여야만 한다. 목표는 현실에 맞는 목표를 세워야만 한다. 실행할 수 있는 양의 목표를 세워서 운영해 나가야만 한다. 무턱대고 목표를 너무 높게 잡는 경우 문제가 생기게 된다.

C. 향우회 정치에서 벗어난 국민대통합과 소통의 리더십

수년 전 고건 전 국무총리가 그의 공직 생활을 회고하는 회고록 「국정은 소통이더라」라는 책을 출간하였다. 고건 총리의 말은 '국정은 바로 소통이다'라고 한 마디로 요약했다. 대통령은 어떠한 리더십을 발휘하여야만 하는가. 한마디로 소통과 대통합의 리더십이다. 대통령의 리더십은 국력 중에서도 중요한 비중을 차지하고 있다. 대통령 1인이 차지하는 비중이 그만큼 크고 중요하다는 것을 의미한다. 대통령은 양 떼를 모는 목동과 같다고 보아야만 한다. 양 떼 무리 속에는 별의별 양들이 다 있다. 그 양들이 다른 곳으로 가지 못하도록 한 곳으로 몰아 나가야만 한다.

우선 대통령은 국정운영에 있어서 정규 채널만 이용할 것이 아니라 다양한 채널을 통해서 국정을 운영해 나가야만 한다. 수석비서관들만 통해서 업무를 보고받는 채널보다는 장관들도 만나서 국정운영의 애로사항들을 파악하는 일이 필요하다. 또한 경우에 따라서는 일선에서 일하는 공직자들과도 만나서 업무를 듣는 일이 필요하다.

국정운영에서 소통이 막히는 경우 조직의 파이프라인이 막혀서 국정이 제대로 돌아가지 못한다. 과거 이승만 정권에서 국정운영 실패한 원인은 바로 이승만이 몇몇 측근들의 말만 듣고서 국정을 운영하다 국민들의 민심을 제대로 파악하지 못했다. 그 결과 국민들이 원하는 정치가 아닌 몇몇 예스맨들의 말에 의한 정치를 하였다. 결국 이승만 정권은 독재정부로 남게 되었다. 이러한 폐단을 막기 위해서 박정희 대통령은 장관이나 수석비서관을 만나서 정무를 보고받는 일보다도 직접 담당자들을 만나서 담당자들로부터 국정을 보고 받았다. 서열을 중시해서 측근들만 가까이 하는 경우 업무를 정확하게 파악하지 못하기 때문이다.

대통령은 모든 계층의 사람들을 포섭해서 이끌어 나가야만 한다. 따라서 국민들을 대통합 할 수 있는 정신을 가지고 있어야만 한다. 한국은 현재 지역감정 문제로 인해서 향우회 정치라는 말이 있다. 사실상 영남향우회니 충청향우회, 호남향우회 등 향우회가 중심이 되어서 각자가 자신의 고향사람들만 만나고 있다. 또한 업종별로 자신이 일하는 업종에 따라서 만나고 있다. 장애인을 비롯한 저소득층의 사람들 역시 자신에게 맞는 사람들만 만난다.

대통령은 각계각층의 모든 사람들을 총망라해 통합해서 하나로 만들 수 있는 능력의 소유자라야 한다. 대통령은 전문가가 되어서는 안된다.라는 말이 있다. 전문가란 자신의 분야에만 잘 알고 다른 분야의 사람들과 거리를 두고자 하는 성격을 가진 사람들이다. 가령 법관이나 의사나 교수의 경우 이들은 전문적인 지식을 바탕으로 살아온 사람들이다. 따라서 이들의 성격은 대부분 자신과 같은 분야 이외의 사람들과는 접촉을 꺼린다. 그러나 대통령은 전문가든 비전문가든지 가난한 사람이든 부자든 가리지 않고 모든 사람을 하나로 통합할 수 있는 통합의 능력을 갖춘 인물이어야만 한다.

D. 국정에 대한 기본지침을 판단할 얕고 넓은 지식이 필요

대통령은 국정의 모든 분야에 대해서 전문가가 될 필요는 없다. 대통령은 국가정책에 대해서 기본적인 지침만 제공하면 된다. 따라서 국정 전반에 대해서 얕고 넓은 지식을 가지고 있어야만 한다. 가령 경제문제에 대해서 대통령이 전혀 문외한으로 모르는 경우 정책의 우선순위와 중요성 등을 파악하지 못한다. 이 경우에는 심각한 문제가 생기게 된다. 따라서 대부분의 대통령들은 자신의 경험과 지식이 있는 분야에 대해서 다른 분야보다 더욱 관심을 가지는 경향이 있다. 그러나 국정은 국가 전 분야와 관련을 가지고 있기 때문에 모든 분야에 대해서 전반적인 지식을 가지고 있어야만 한다.

각 부서의 장관들과 대통령의 업무를 비교해 보면 각부의 장관들은 그 분야에만 전문가면 된다. 그러나 대통령은 모든 분야에 대해서 전문가는 아니지만 어느 정도 지식을 가지고 있어야만 한다. 동시에 각 부서의 업무를 연관시켜서 시너지 효과를 낼 수 있는 능력도 겸비해야만 한다. 다시 말하면 각 부처의 장관은 나무만 보면 된다. 그러나 대통령은 나무와 숲을 동시에 볼 수 있는 지적 능력을 갖추고 있어야만 한다.

E. 외교 안보에 대한 기본적인 지식

한국은 현재 세계에서 유일하게 남북이 분단되어 냉전이 종식되지 않은 국가이다. 따라서 외교안보문제가 가장 중요하다. 미국의 경우는 세계 패권국이기 때문에 외교안보가 국정운영의 거의 대부분을 차지하고 있다. 미국은 국무부와 국방부 두 개의 부서가 가장 핵심이다. 국무부는 한국의 외교부에 해당된다. 한국은 70년대는 통일부가 최하위 부서였다. 그러나 점차적으로 통일부의 위상이 높아졌다. 그 만큼 남북관계가 중요하기 때문이다. 대통령은 전쟁터에서 군사를 이끄는 장수에 해당된다. 전쟁에서 이기느냐 지느냐는 장군이 가지고 있는 군사적 지략이 매우 중요하다. 따라서 현재 한국은 분단된 국가이기 때문에 남북관계에서 대통령의 의지와 지략이 매우 중요한 역할을 한다.

과거 역대 대통령들의 외교안보관을 보면 대통령의 안보정신이 얼마나 중요한지를 알 수 있다. 이승만 정권에서는 이승만 대통령이 친미주의적 성향으로 미국과 가까웠기 때문에 한미동맹을 비롯하여 국제사회에서 많은 지지를 얻어서 한국동란 등 위기를 극복할 수 있었다. 박정희 대통령 역시 투철한 자주국방을 바탕으로 하는 안보정신을 가지고 있었다. 전두환, 노태우 등은 군 출신이기 때문에 안보정신에 대해서는 전문가 수준의 지략을 가지고 있었다. 특히 전두환은 월남전 참전의 실전의 경험을 가지고 있었다. 민주화 이후에 나타난 대통령들인 김영삼, 김대중, 이명박, 노무현 대통령 역시 강한 안보의식을 가지고 있었다. 이처럼 대통령의 조건으로 안보의식이 중요한 요소이다.

F. 준비된 지도자

한국과 같이 임기 5년 단임제의 경우 선거전에 자신이 국정 5년간의 청사진을 마련하여 취임과 동시에 계획을 추진해 나가야만 한다. 만일 그렇지 않고 취임 후에 계획을 세워서 실천에 옮기는 경우는 이미 때가 늦어서 쫓기는 경우가 허다하다. 그 결과 대부분 5년 단임제 대통령들은 실패한 대통령이 될 가능성이 크다. 그 이유는 바로 준비가 없고 단순히 선거와 당선에만 신경 썼기 때문이다.

5년이란 아주 짧다. 그리고 금방 지나간다. 더구나 중간에 지방선거와 총선이 있다. 마지막 1년은 다음 대선으로 정국이 어수선하다. 그렇기 때문에 자신이 선거에 당선되기 전 평소에 취임 후의 계획안에 대해서 준비를 하고 당선되자마자 취임 전까지 유능한 인재들을 모아서 자신의 국정운영 철학에 맞도록 청사진을 만들고 실행할 일들의 우선순위를 잡는다. 그런 다음에는 취임과 동시에 가장 중요한 일부터 밀어붙여야만 한다.

취임 초가 가장 힘이 강할 때다. 그 다음부터는 점차적으로 힘의 누수현상이 나타나기 때문이다. 집권후반기부터는 권력누수로 인해서 참모들과 국회와도 잦은 불협화음을 초래한다. 그렇기 때문에 대통령을 하겠다는 사람은 평소에 자신의 신상관리와 함께 집권 후에 대한 청사진을 만들어 놓아야만 성공한 대통령으로 남는다.

G. 올바른 역사관을 가져야 한다

대통령이 되기 위한 중요한 자질로서 올바른 역사관이 가장 중요하다. 단재 신채호 선생은 역사를 잊은 민족은 미래가 없다.라고 말한다. 역사란 바로 민족의 정기와 맥을 이어가고 있기 때문이다. 영국을 비롯한 서양 선진국에서는 역사와 전통을 가장 중요시 여긴다. 왜냐하면 인간사회는 전통과 역사의 테두리를 벗어나지 못하기 때문이다.

대통령이 정통 역사를 부정하는 경우 그 국가는 미래가 없다. 김영삼 대통령이 역사 바로 세우기나 노무현 대통령이 과거사 진상 등을 토대로 이승만 정권보다 민족주의인 김구 선생에게서 정통성을 찾으려는 의도는 이해가 간다. 그 이유는 인간적으로나 민족적으로나 우리민족의 발전을 위해서는 김구의 사상이 더욱더 훌륭하기 때문이다. 그러나 사실상 대통령인 이승만을 부정하는 역사관에 대해서는 어느 정도 의문을 제기하지 않을 수 없다. 역사란 과거와 현재와 미래의 대화라고 한다. 바로 맥을 이어간다는 것이다. 따라서 국가의 새로운 역사를 창조해 나갈 대통령이 확고한 역사관을 가지고 있지 못하다면 문제가 생기게 되는 것이다.

우리 한민족은 반만년의 유구한 역사에 대해서 자랑스러워 하고 있다. 그 이유는 우리민족은 중국과 일본민족과는 다른 우리민족 특유의 역사를 창조하였고 앞으로도 창조해 나갈 것이다. 그러기 위해서는 새로운 역사를 창조하는데 가장 앞장서는 대통령의 역사관이 중요하다고 본다. 대통령이 역사에 대해서 가지고 있는 이념과 사상에 따라서 한국 역사의 진로가 상당히 달라지기 때문이다. 따라서 국민들은 대통령을 선택하기 전에 후보자에 대한 역사관을 신중하게 검증하여야만 한다.

H. 국민에게 희망과 비전을 제시하는 능력이 있어야 한다

2차대전 당시 처칠은 의회 연설에서 자신이 바칠 것은 피와 땀과 눈물이다.라는 명연설로 2차대전 당시 희망을 잃은 영국을 비롯한 모든 자유민주주의 국가의 국민들에게 힘과 용기를 주었다. 존 에프 케네디 역시 내가 국민에게 무엇을 하겠다는 것이 아니고 국민이 나에게 무엇을 하라고 해 달라는 명연설을 하였다.

대통령제나 내각제냐가 문제가 아니다. 비상시 국민들은 대통령을 중심으로 뭉친다. 바로 대통령이 구심점이다. 따라서 대통령은 국가와 민족을 위해서 일할 수 있는 비전을 가지고 있어야만 한다. 대통령은 국민을 위해서 스스로 비전을 가지고 있어야만 한다. 또한 그 비전을 국민이 가질 수 있도록 하는 희망을 주어야만 한다. 한국은 글로벌 경쟁시대에 살고 있다. 글로벌시대는 국경과 국적을 넘어서

치열한 경쟁 속에 있다. 이러한 시대일수록 대통령은 국민들이 평안하게 살 수 있도록 희망과 용기와 비전을 제시하여야만 한다.

그러기 위해서는 대통령 스스로 솔선수범의 소방관 리더십을 발휘하여야만 한다. 가장 위험한 곳에 가장 먼저 뛰어 들어가서 가장 나중에 나오는 정신이 필요하다. 이러한 경우 국민들을 추종세력으로 만들 수 있는 카리스마가 생기게 되는 것이다.

I. 삼권분립의 원칙 등 준법정신이 필요하다

대통령의 자리는 국민의 심복이며 동시에 국민의 종이다.라는 것이 민주주의 기본원칙이다. 그러나 실질적으로 막강한 권한이 부여되는 자리다. 따라서 누구나 한 번 권력을 잡게 되면 그 권력의 권한을 넘는 행위를 하게 된다. 대부분의 독재자들이 이러한 월권행위를 한 인물들이다. 권력을 부여받은 사람은 끓는 물속의 개구리와 같다. 처음에는 즐거운 마음으로 잡은 권력을 행사하다보면 자신도 모르게 권력의 한계까지 월권행위를 하여 결국은 자신도 모르게 삶겨져 죽어 버린다. 이러한 권력남용을 끓는 물속의 개구리로 표현할 수 있다.

권모술수의 대명사인 마키아벨리는 왕은 때로는 여우가 되고 때로는 사자가 되어야만 한다. 그렇지 않으면 잡은 권력을 유지하기가 권력을 잡기보다도 더욱더 힘이 든다는 것이다. 이처럼 권력은 더럽고 추한 것이다. 따라서 대통령은 자신에게 주워진 권력에 대해서 그 한계를 넘는 월권행위를 해서는 절대로 위대한 인물로 남지 못한다. 권한의 월권행위는 권력에서 물러나서 권력이 자신을 보호해 주지 못하는 경우에는 권력남용으로 인해서 큰 문제가 생기게 된다. 따라서 역사에 남는 위대한 대통령은 법의 테두리를 벗어나지 않는 투철한 준법정신이 필요하다.

J. 대통령 5년 단임제의 폐단

한국의 대통령제는 미국식 대통령제를 모델로 1948년 정치제도를 만들었다. 그러나 한국식 대통령제는 미국과 다른 강한 대통령제로 변화되었다. 대부분의 신생국가들의 대통령제는 독재형 대통령제의 형태를 취하면서 대통령에게 너무 많은 힘을 부여하였다. 이승만 정권부터 시작되어서 9개월 간의 장면 내각제를 제외하고는 현재까지 대통령제를 유지해 나오고 있기는 하지만 너무나 많은 문제점을 가지고 있다.

미국식 대통령제는 4년 중임으로 되어 있어서 4년에 한 번씩 평가를 받고 있다. 그러나 한국의 5년 단임은 어떻게 보면 정책을 추진해 나가기에는 너무 짧은 감이 있다. 또한 초기부터 정책을 일사 천 리 격으로 밀어붙이지 않으면 정권 말기에 나타나는 레임덕 현상으로 인해서 일을 하는 기간은 매우 짧다.

그러나 여기서 문제는 대통령제는 미국의 대통령 잭슨이 말한 것처럼 전리품은 승리자에게라는 말이 바로 대통령제의 폐단이자 문제점이다. 한번 대통령에 당선이 되면 특별한 범법행위를 제외하고는 모든 권한을 대통령이 가지기 때문에 진보집단과 보수집단을 비롯한 이익집단들은 필사적으로 자신이 미는 후보를 대통령에 당선시키려고 한다. 따라서 후보의 능력에 상관없이 자신이 미는 후보가 당선이 되지 않는 경우에는 5년간은 자신은 이해관계에 개입을 할 수가 없게 되기 때문이다. 따라서 이러한 경우에 진보가 매우 불리하다. 대부분 사회의 기득권층은 보수적인 성향이 강하기 때문이다. 앞에서도 언급한 것처럼 보수는 이미 자신들이 사회적으로 이득을 획득하여 기득권을 가지고 있기 때문에 진보와의 싸움에서 매우 유리한 고지에 있다.

언론기관을 비롯하여 검찰 및 재계에서 영향력을 행사하는 집단은 대부분 보수를 바탕으로 하며 보수 단체 등 보수집단 및 관변단체들과 연계를 맺고 있다. 사설 연구기관을 비롯하여 영향력 있는 연구기관과 브레인 집단들은 정부를 비롯한 보수단체들과 연계되어져 있다. 사회기관과 시민단체 역시 관변의 주변을 맴도는 단체들이 더욱더 영향력을 행사하는 이유는 정부로부터 재정적인 지원을 받아서 활동을 더 많이 할 수 있기 때문이다.

따라서 한국과 같이 아직까지 정치와 경제가 완전히 분리되지 않고 정경유착의 뿌리가 확실하게 제거되지 않은 상황에서 진보단체는 보수단체에 비해서 활동하기가 매우 힘들다. 우선적으로 대기업들이 정부와 완전한 유착 상태는 벗어났다고 하더라도 정부의 눈치를 어느 정도는 보아야만 하는 것이 미국과 다른 한국 경제계의 실태다. 따라서 기업이 재정적 지원을 주는 단체 역시 여당과 관련이 있어야만 한다.

대통령 5년 단임제의 폐단은 진보와 보수의 제로섬 게임을 초래하게 된다. 만일에 선거에서 지는 경우 5년 동안은 진 쪽은 아무것도 이득을 얻을 수 없는 상태에 빠지게 된다. 보수집단과 진보집단 간의 이전투구 즉 진흙탕 싸움은 결국은 자신들의 밥그릇 싸움으로 이어지게 되며 공무원을 비롯한 공공기관과 압력 단체 등에서도 자신들이 운영하는데 보조금을 얻어내기 위해서는 대통령 선거에서 자신들과 코드가 같고 자신이 지지하는 당이 당선이 되어야 하기 때문이다. 언론기관을 비롯하여 국가에 영향력을 강하게 행사하는 기관은 보수적 성향이 강하다. 예를 들면 한국의 언론기관의 경우 보수주의를 대변하는 조중동 즉 조선일보와 중앙일보 및 동아일보의 3개의 신문이 영향력을 가장 강력하게 행사를 하고 있다.

이처럼 대부분 사회기관을 비롯하여 압력단체들은 보수주의적 성향이 강한 집단들이 진보적 성향의 사회단체들보다도 영향력과 조직이 강하다고 할 수 있다. 얼마 전 노무현 정권에서 가장 강하게 개혁드라이브를 걸때 거기에 대해서 제동을 건 단체가 바로 조선일보라고 할 수 있다. 이것은 보수언론인 조선일보가 정부를 상대로 싸워도 승산이 있을 정도의 강한 영향력을 가지고 있다는 것을 의미한다.

그 이외에 국가가 마음대로 할 수 있는 검찰개혁에 있어서도 진보적 성향의 정권이 보수적 성향의 검찰개혁에 실패를 하였으며 오히려 개혁을 시도했던 대통령이 퇴임 후에는 역공격을 당하는 일이 발생하였다. 그 외에도 재벌의 경우에도 삼성을 비롯한 가장 영향력이 있는 재벌들 역시 보수화 되어져 있기 때문에 강한 보수적 성향을 가지고 있다. 따라서 확실한 통계적 수치로 계산을 할 수 없기는 하지만 한국사회에서 보수와 진보가 미치는 영향력의 비율은 보수대 진보는 6대 4 정도로 볼 수 있다.

여기서 중요한 것은 대통령제의 5년 단임제가 한국이 글로벌 시대에 초일류 국가로 나아가는데 발목을 잡고 있다. 5년 단임제는 노태우의 6.27 선언 이후부터 생겨난 대통령 임기제다. 민주화 이후 노태우 정부에서부터 5년 단임제가 실시되었다. 그전의 이승만 초대 대통령은 12년간을 재임했다. 그다음 박정희는 18년간을 재임했다. 또한 전두환은 7년을 재임했다. 그런데 이들은 일관성을 가지고 정책을 추진하여 죽이 되던 밥이 되던 실적을 남겼다. 그러나 5년 단임 기간의 대통령들은 큰 실적을 남기지 못하고 자칫하는 경우에는 실패한 대통령의 누명을 쓰게 된다.

그 이유는 임기 5년이 시작되면서 대개 업무를 파악하는데 일년이 걸린다. 그 이유는 국정이 단순한 한 가지 업무가 아니라 모든 분야에 걸친 업무이기 때문이다. 그리고 마지막 1년은 레임덕 현상이 나타난다. 동시에 마지막 1년은 다음 대선의 선거에 휩쓸린다. 대통령은 자신이 평생 동안 해온 업무가 아니고 처음 하는 업무이기 때문에 국정업무에는 미숙하다. 여기에 더해서 대통령과 함께 새정부에서 일하는 참모들 역시 대부분 국정경험이 부족한 인사들이다.

따라서 임기가 시작하면서 바로 장단기 계획 등을 세워서 추진해 나가지 않으면 임기 내에 완성하지 못하는 경우가 허다하다. 여기에 더해서 야당은 경쟁관계에서 국정에 발목을 잡으려고 든다. 시민단체나 압력단체들은 자신들의 이득을 위해서 정책에 개입하려고 한다. 동시에 노동계의 단체들이 정부정책에 반대하면서 데모 등 무력시위 등을 하여 국정운영을 혼란 속으로 몰아간다. 그 결과 대통령이 국가와 민족을 위해서 열심히 일하려고 해도 결과가 나쁘게 나와서 실패한 대통령으로 역사에 남을 수 있다. 대통령의 국정운영 실패는 결국 국가가 퇴보의 길로 들어서게 된다.

성공적인 대통령이 되기 위해서 필요한 것은 대통령의 임기를 현재 5년에서 4년 중임재가 가장 적합하다. 4년 중임제는 대통령제를 택하고 있는 미국을 비롯한 대부분 민주주의 선진 국가들의 모델이다. 4년 중임제의 차선책으로서 7년 단임제가 적합하다고 본다. 단지 7년 단임제의 경우 3년 6개월 후에 중간평가를 하여야만 한다. 4년 중임제의 경우는 4년 후에 다시 선거를 하여 만일 실적이 나쁘면 낙선하여 대통령 직에서 물러난다. 따라서 7년 단임제도 국민들에게 찬반의 국민투표를 통해서 신임을 물어야만 한다. 그리고 결과에 따라 남은 임기를 수행하도록 한다. 만일 국민들에 의한 중간평가 성적이 나쁜 경우에는 대통령 직에서 물러나야 한다. 중간평가의 목적은 그동안 수행한 국가정책이 어느 정도 성공하였는지를 국민들이 평가하도록 하여야만 한다. 동시에 다음 남은 임기동안 평가를 통해서 필요한 부분을 보충하여 국정을 성공적으로 마무리하는 기회가 된다.

따라서 글로벌 시대에 한국이 세계 초 일류국이 되기 위해서는 현재 5년 대통령 단임제를 4년 중임제나 7년 단임제로 법을 개정하여야만 한다.

K. 광란의 대통령제 대안은 없는가

1) 내각제 vs. 대통령제

아리스토텔레스는 인간은 사회적 동물이라고 했다. 인간은 사회생활을 해야만 하는 운명을 타고났기에 정치적 행동까지 포함하고 있는 것이다. 또한 아리스토텔레스는 민주주의 국가에서 필요로 하는 근본원칙을 제시하고 있다. 즉 정치는 전문인에 의해서 정책이 수립되고 집행해 나가는 것이 필요하다고 했다. 또한 그 정책이 옳게 수행되고 있는지 아닌지는 민주주의의 사상을 가진 국민들이 판단할 권리를 가지고 있다고 제시할 것이다.

그리하여 만일 기존의 정부가 옳은 정책을 수행해 나가지 못하면 국민들은 다른 통치자를 선택할 권리를 가지는 것이다. 여기에다 아리스토텔레스는 파티에 초대된 손님이 직접 음식을 만든 요리사보다 그 음식의 맛을 더 잘 알며 또 배를 모는 항해사가 배를 만든 사람보다 좋은 배인지를 더 잘 안다는 예를 들어 현대 민주주의의 기본적 원칙을 다시 확인시키고 있다. 따라서 정치인의 정책수행을 평가하기 위해서는 국민들의 정치의식 수준이 높아야 할 것이다.

민주주의의 역사는 통치자와 통치당하는 자의 투쟁사라고 볼 수 있다. 고전 민주주의의 전형적 이론인 토마스 홉스의 리바이어던, 존 로크의 시민정부론, 장 자크 루소의 고상한 야만인, 몽테스큐의 삼권분립론, 루소의 사회계약론 등은 통치자와 통치당하는 자간의 계약, 다시 말해서 개인을 보호하면 최상의 민주주의가 이루어진다는 사상이 토대를 이룬다.

이러한 사상은 미국과 프랑스 헌법의 기초를 이루었다. 그러나 이러한 사상은 많은 문제점을 드러내었다. 그 결과 한 단계 발전한 사상인 존 스튜어트 밀의 최대다수의 최대 행복론과 토마스 힐 그리인의 사회복지론이다. 이 이론은 통치자와 개인 사이의 계약에서 통치자와 다수 민중간의 계약으로 바꾸었다. 통치자에 대해 보다 강한 계약을 체결하여 민중들은 보다 더 보호를 받을 수 있게 된 것이다. 통치자가 의무를 잘 수행하지 못할 때 국민들은 언제든지 그 권한을 되돌려 받을 수 있다. 권한의 환수권에는 국민의 혁명권 역시 포함되어 있다.

여기서 우리가 알 수 있는 것은 개인의 보호든 최대다수의 최대행복이든 간에 통치자의 권력을 약화시켜 국민의 권한을 최대화시키는 것이 근본 목적이다. 그것을 위해 탄생한 중요한 정치형태가 내각제, 대통령제 등이다. 모두 통치자의 절대 권력을 빼앗아 국민에게 양도하는 것이다. 이렇게 양도받은 권력을 국민이 관리할 수 없기 때문에 대신 관리해줄 대표자가 필요한데 그 권한을 양도받은 최고의 책임자가 대통령이냐 수상이냐에 따라서 대통령제와 내각제로 구분된다.

내각제와 대통령제의 정부형태 중에서 어느 쪽이 더 민주적 정부형태인가? 내각제 정부형태와 대통령제 정부형태에 관해서는 정치학자들 사이에서 끊임없이 논란이 되어 왔다. 특히 비교정치학자들 사이에서 어느 제도가 더 우월한지 논쟁거리가 되고 있다. 그 이유는 내각제 정부형태와 대통령제 정부형태는 시대와 지역에 따라서 다양한 형태로 변하기 때문이다.

정치적으로 후진성을 면치 못하고 있는 국가에서 내각제 정부형태라고 하면 우선 빈번한 내각의 해산을 연상한다. 그 때문에 정책의 일관성이 없고 강력한 지도력의 부족으로 정국이 불안정한 상황을 생각한다. 이와는 달리 정치적 후진국에서의 대통령제 하면 무조건 대권만 휘두르는 권력의 화신을 연상한다. 모든 권력이 대통령 1인 치하에 있기 때문에 정치, 경제, 사회, 문화의 모든 분야가 대통령 1인에 지배당하고 있다고 생각한다.

그런데 이러한 내각제와 대통령제에 대한 편견된 인식은 큰 문제를 낳는다. 즉 국민들이 자신의 정치체제에 대해서 만족해하는 것이다. 그리하여 다른 정치제도로의 변화에 대해서 거부감을 갖는 경향이 있다.

이러한 현상은 선진국에서도 나타나고 있는데 그 발생 원인은 어디에 있는가?

내각제는 영국에 기원을 두고 있다. 유럽대륙의 몇몇 국가들도 당시의 정치 상황에 의해 내각제를 채택하였지만 영연방 대부분의 국가들은 영국의 정치 문화에 영향을 받아서 내각제를 채택하였다. 따라서 영국의 내각제 정부형태가 가장 표준적인 규범이 되었다. 물론 영국은 연방국가들에게 직간접적으로 자국의 내각제 정부형태를 모델로 삼도록 권유하였다.

그러면 영국의 식민지로 있던 미국은 왜 내각제를 채택하지 않았는가? 초기의 미국 정치지도자들은 내각제 정부형태를 선호하고 내각제를 채택하고자 했다. 그러나 미국의 정치지도자들은 영국의 총독으로부터 당한 식민치하의 고통 때문에 영국의 정치모델을 채택하고 싶지 않았다. 따라서 미국은 존 로크의 사상인 개인주의와 몽테스큐의 삼권분립론에 기초를 둔 대통령제 정부형태를 채택하였다. 이러한 미국식 대통령제는 미국이 국제사회에서 정치적 영향력이 커지면서 대통령제 정부형태의 모델이 되었다.

그런데 미국식 대통령제를 모델로 삼은 중남미 국가들과 신생 아시아, 아프리카 국가들은 가지각색의 대통령제 정부형태를 탄생시켰다. 그 국가들은 대부분 경제적으로 저개발 국가에 속했는데 갑작스런 대통령제의 도입은 전체주의 국가, 즉 대통령을 왕으로 만드는 결과를 가져왔다.

전체주의란 문자 그대로 통치자 1인이 국가의 모든 분야를 통제한다. 통치자는 1인이 군사권을 통제하고 언론과 기업, 정당, 각종 이익단체 등을 통제하는 것이다. 이러한 1인 지배체제는 민중의 혁명에 의해서 전복되어 무정부주의 상태로 변하기도 하지만, 결국 1인 지배체제로 다시 바뀌게 된다.

그러나 내각제 정부형태의 권력이 대통령제보다 약하다는 것을 의미하지는 않는다. 내각제는 입법부와 행정부간의 합병이라고 볼 수 있다. 따라서 수상이 의회를 장악하는 능력에 따라 대통령제의 대통령보다 더욱 강한 권한을 누릴 수 있다. 가령 닉슨 대통령을 하야시킨 미국의 워터게이트 사건은 의회와 내각이 합병되어 있는 영국의 내각제하에서는 발생할 수 없다. 따라서 이러한 점에서 보면 내각제도 문제가 없는 것이 아니다. 제2차 세계대전 당시 영국의 수상 처칠은 루스벨트 대통령과의 대화에서 영국의 경우는 의회의 동의보다도 동료각료들의 승인을 얻어내는 것이 더욱 큰 문제라고 지적한 것은 그 점을 잘 반증하는 것이다.

민주주의가 가장 발달된 선진국의 정치 풍토 하에서는 내각제가 가장 좋은 정부형태이다. 그리고 대통령제는 가장 나쁜 정부형태이다. 다음으로 반 대통령제는 순수대통령제보다는 약간 더 바람직한 정부형태이다. 무엇보다도 대통령의 고정된 임기는 상대적으로 중요하지 않다고 본다. 왜냐하면 대통령의 확정된 임기는 일시적 경직성이라고 주장하듯이 아주 바람직하지 못한 효과를 초래한다.

그와 유사하게 상대적으로 대통령제는 대통령의 직접선거라는 부인할 수 없는 장점을 가지고 있다. 내각제에서는 간접적이기는 하나 효과적으로 유권자들이 의원들을 투표하는 방법에 의해서 수상 하에서 내각이 구성된다. 이러한 방법은 개인의 자유를 보호한다는 관점에서 보면 대통령제와 내각제는 진정으로 큰 차이점이 없다고 본다.

그와는 대조적으로 행정부와 입법부 간의 교착상태, 일시적 경직성, 승자가 모든 것을 취한다는 대통령제의 세 가지 단점들은 매우 심각하고 결코 경시할 수 없으며 치유될 수 없는 치명적인 결점들이다. 대통령제의 단점을 하나 더 첨가시키면 대통령선거는 당이나 정책의 차이점보다는 대통령 개인의 성품에 치중하는 경향이 있다. 그 결과 대통령선거는 민주주의의 수행을 위해서 필요로 하는 강하고 책임감 있고 결속력 있는 정당 제도를 훼손시키는 경향이 있다.

반대통령제와 관련하여 반대통령제가 프랑스식으로 운영되거나 또는 아르헨티나식의 방법이 채택된다면 순수대통령제보다는 더 좋은 정치제도이다. 그 이유는 반대통령제는 행정부와 입법부의 교착상태를 피할 수 있기 때문이다. 그러나 어쨌든 반대통령제 역시 순수대통령제와 마찬가지로 일시적인 경직성, 승자만이 모든 것을 취하는 정책, 정치의 개인화 현상, 정당의 약화현상 등의 문제에 부딪히게 된다.

따라서 만일에 한 국가가 대통령제에서 다른 정부형태로 정치제도를 바꾸기를 원해서 반대통령제로의 정부형태의 변화는 약간 향상된 정치제도의 변화이다. 반대통령제를 선택하는데 주의해야 하는 또 다른 이유는 아직까지 세계에서 반대통령제 정부형태가 성공한 예가 거의 없기 때문이다.

사실상 프랑스가 아마도 유일하게 좋은 예가 되는 국가이다. 오스트리아, 핀란드, 아이슬랜드, 아일랜드, 포르투갈 같은 국가들은 때때로 반 대통령제 국가 형태로 간주되고 있지만 실제로는 거의 내각제 정부형태로 운영되고 있기 때문에 내각제 국가들로 분류되어야 한다.

대부분의 비교정치학자들의 연구 결과는 내각제가 대통령제보다 훨씬 성공적으로 안정된 민주주의를 유지하고 있다는 연구결과를 발표하고 있다. 동시에 대통령제가 민주주의를 유지하는데 내각제나 반대통령제보다 더 나은 정부형태라는 연구는 거의 없다는 것이 매우 흥미롭기는 하다.

2) 내각제 vs. 대통령제를 어떻게 한국정치에 접목시킬 것인가?

내각제와 대통령제에 관해서 한국의 정치제도는 70년 간의 우여곡절의 역사를 가지고 있다. 1948년 제1공화국의 대통령제는 미국의 영향권에 있던 관계로 삼권분립의 원칙에 의한 미국식 대통령제를 모방한 것이다. 그러나 제1공화국의 정부형태는 일반적으로 볼 수 있는 신생국가의 강한 대통령제 형태로 변하게 되었다. 제1공화국의 대통령이 왕과 같은 권한을 가지게 된 배경에는 남북한 냉전시대에 맞춘 미국의 강력한 지원, 이승만 개인이 가지고 있던 카리스마적 성향, 6.25 전쟁으로 인한 대통령의 비상대권 등이 독재형태로 바꾸었다. 그리하여 정치조직의 비제도화, 기능의 비전문화, 정치적 비민주화 등 정치적 후진성을 면치 못한 것이다.

제2단계는 1961년부터 1979년까지의 산업화 과정과 맞물린다. 제3, 4공화국은 강력한 통제로 경제발전에 치중하였는데 그 결과 각 분야에 복합적인 영향을 미쳤다. 그리하여 이전의 농업국에서 1960~70년대의 공업국으로 바뀌면서 새로운 중간계층을 만들어냈다. 다양한 직업을 가진 중간층의 탄생으로 정치의식 또한 새로운 차원으로 확장되어 나갔다. 그리하여 중간층은 정치 문제에 대해서 보다 적극적인 태도를 보였고, 그 결과 정부의 비민주적 처사에 대해서 민주화를 요구하고 나섰다. 특히 1970년대 제4공화국 말에 그러한 현상이 뚜렷하게 나타났다.

1980년대의 제5, 6공화국을 제3기라고 볼 수 있다. 1980년대는 1970년대의 경제발전이 지속되었고 국민들의 정치의식 수준 또한 향상되어 정치발전의 성장기라고 볼 수 있다. 신군부의 새로운 독재정치는 축적된 국민들의 정치의식에 저항을 받게 되었고 급기야 1987년 국민들의 요구를 수용하고 6.29선언을 한 것이다.

1990년대는 경제발전이 중진국에서 선진국에 들어서면서(물론 IMF의 위기가 있었지만) 국민들의 정치의식 수준이 더욱 높아졌다. 특히 국민의 정부는 반세기만에 일어난 정권교체로 이룩되었기에 그 의미가 있는데, 그만큼 한국의 정치발전은 나아가고 있다고 볼 수 있는 것이다.

현재 한국에서 일고 있는 내각제냐 대통령제냐에 대한 논쟁은 이러한 정치발전 현상으로 볼 수 있을 것이다. 와이너가 지적한 가치를 통합, 엘리트와 대중의 통합, 통합적인 행동 등과 관련지어 볼 수 있는 것이다.

한국은 엘리트와 대중간 정치의식의 격차가 좁혀지고 있다. 그리하여 민주주의 정신의 증가, 정치적 관심의 고조, 민족주의 증대 등을 보이고 있다. 그러면 현재의 한국 정치상황에서 대통령제와 내각제 중에서 어느 것이 더 적합한 정치제도일까?

3) 대통령제와 한국의 정치상황

한국의 대통령제는 미국식 대통령제의 영향을 강하게 받은 것이다. 그리하여 한국의 대통령제는 유럽의 의회민주주의나 프랑스식 대통령제와는 다르다. 프랑스식 대통령제에서는 의회의 불신임에 의해서 내각을 해산하고 다시 내각을 구성할 수 있다. 그러나 미국식 대통령제를 택하고 있는 한국의 경우 대통령제의 특징으로는 삼권분립에 의한 상호 견제와 균형, 대통령의 책임 있는 정국의 운영 등을 들 수 있다. 그러나 제1공화국부터 현재까지 한국의 대통령제는 많은 문제점을 가지고 있다.

대통령제의 장점은 ① 유권자의 보통선거에 의한 행정수반의 직접선거 ② 대통령의 임기보장에 의한 집행부의 안정 ③ 권력분립에 의한 제한된 정부 등으로 요약할 수 있다. 반면에 대통령제의 단점은 ① 행정부와 입법부의 교착상태 ② 일시적 경직성 ③ 승자만이 모든 것을 가짐 등을 들 수 있다.

정치제도 및 의식이 선진화된 국가에서는 행정부와 입법부의 교착상태가 가장 큰 문제점이다. 그러나 한국과 같이 정치적으로 선진화되지 않은 국가에서는 대통령의 권한이 입법부나 사법부에 비해 상대적으로 강한 데 있다.

대통령은 행정부의 책임자 역할 뿐만 아니라 국가원수로서의 역할도 담당한다. 미국의 대통령제도 초기에는 권한이 약했으나 남북전쟁과 1, 2차 세계대전 등 비상사태를 거치면서 점차적으로 강화되었다. 한국의 경우는 전쟁권까지 포함하고 있어 미국 대통령의 권한

보다 더 크다. 따라서 한국의 대통령의 권한은 대권(大權)이라고 부를 정도로 강력하다. 이러한 한국의 대통령제는 경직성과 승자만이 모든 것을 갖는다는 대통령제의 단점은 물론 포함하고 있다. 한국을 포함한 신생국 대통령의 권력은 결국 절대 권력으로 변해버렸다. 존 액톤은 절대 권력은 절대적으로 부패한다라고 했다.

또한 지난 70여년 동안의 한국 대통령제가 남긴 가장 큰 후유증은 지역감정 문제이다. 미국의 인종문제에 해당하는 지역감정 문제는 결국 지역할거주의를 만들어 정치발전의 암적인 존재가 되고 있는 것이다.

4) 내각제와 한국의 정치상황

한국의 경우 장면 정권 때 내각제를 채택했으나 국민들의 정치의식의 미숙과 내각의 비효율적인 운영으로 단명으로 끝났다. 내각제 역시 대통령제와 마찬가지로 문제점이 있다. 내각제의 가장 큰 문제는 수상의 임기가 제한되어 있지 않다는 것이다. 따라서 내각제 역시 1인의 장기집권의 위험을 배제할 수 없다.

내각제의 또 다른 단점은 삼권이 분리되어 있지 않다는 점이다. 내각제는 입법부와 행정부의 합병이다. 그리하여 경우에 따라서는 입법부와 행정부가 합쳐 권력을 남용할 수 있다. 또한 내각제의 수상은 민주주의의 기본원칙에 위배되는 간접선거에 의해 선출된다. 수상은 다 수석을 가진 당의 당수가 되므로 국민의 직접선거에 의하지 않고 최고 책임자가 된다. 따라서 국민이 원하지 않는 경우에도 소속당의 다수의석의 확보에 의해 수상이 될 수 있다.

한국의 경우 이상의 내각제 문제점이 크게 우려된다고는 볼 수 없다. 내각제로 전환하는 경우 우선 대통령 1인에게 집중된 권력을 분산시킬 수 있다. 권력을 국회로 옮김으로써 1인에 대한 권력집중 현상을 막을 수 있다. 또한 내각제가 실현될 경우 국민에게 직접 책임지는 책임정치를 할 수 있다. 그리하여 내각제는 여야의 정권교체가 쉽게 일어날 수 있다.

한국은 그동안 남북분단 등 여러 가지 국내외 여건으로 인해 정치의 보수화 현상을 가져와 세대교체가 일어나기 힘들었다. 그렇지만 내각제로 인해 다당제의 가능성이 커지고, 그에 따라 진보세력의 원내진출이 가능하다. 신진 인물들이 쉽게 국회에 진출할 수 있어 국민과 가까운 국회가 될 수 있는 것이다.

한국이 내각제로 전환할 경우 기대할 수 있는 또 다른 정치발전은 지역감정을 해소할 수 있다는 점이다. 그리고 금권정치를 막을 수 있다. 한걸음 더 나아가 타협과 협상의 정치로 인해 남북통일에도 보다 유리할 수 있다.

한편 이원집정제에 대해서 살펴보자. 이원집정제는 수상과 대통령이 권력을 분담하는 정치제도이다. 예를 들면 대통령은 국가를 대표하고 전통적으로 국왕의 권한인 외교와 국방을 담당한다. 이에 비해 수상은 실질적인 분야를 담당한다.

한국에서의 이원집정제에 대한 논의는 대개 프랑스식 이원집정제를 모델로 삼고 있다. 프랑스식 이원집정제는 대통령은 국가원수로서의 상징성을 갖고, 수상은 행정부를 총괄한다. 따라서 수상의 힘이 대통령의 권한을 능가한다. 대통령의 권한은 외교와 국방에 국한된다.

한국이 이원집정제를 채택할 경우 대통령의 권한을 대폭 축소하여 국가를 대표하는 상징적인 존재로 만들어야 하고 수상은 권한을 대폭 강화하여 실질상의 권력을 갖도록 해야 한다. 프랑스의 경우 대통령 미테랑과 수상 시라크의 오월동주 시절 시라크의 권한이 미테랑보다 강했던 점은 이원집정제의 모델을 잘 보여주고 있다.

한국은 지금 경제발전과 아울러 국민들의 정치의식 수준이 높아졌다. 따라서 정치제도도 국민들의 정치의식 수준에 맞추어야 한다. 한국의 경우는 남북분단이라는 정치상황과 지역할거주의라는 문제가 정치발전을 가로막고 있다. 따라서 이 문제는 내각제와 대통령제의 채택에 중요한 요소로 작용하고 있다. 그러므로 대통령제에서 내각제로의 변화에 의한 정치제도의 위험을 방지하기 위해서 반(semi)대통령제 또는 반(semi)내각제의 방법도 생각해 볼 수 있다.

문제는 한국의 현실 상황이다. 제2공화국 장면 정부의 의원내각제 시절 한국은 데모의 나라로 불렸다. 데모로 해가 떠서 데모로 해가 진다라는 말이 나올 정도로 국가는 혼란 속에 빠져 들었다. 결국 장면 내각은 9개월의 단명 내각이 되고 말았다. 한국이 정치제도를 대통령제에서 내각제로 바꾸는 경우 현재 한국이 처해있는 내외적인 정치 환경 요소가 가장 큰 문제가 된다. 물론 2공화국 시절의 장면 정부의 내각제와는 다르겠지만 새로운 정치제도에 국민들이 적응을 해야만 한다. 미국과 같이 정치 선진국조차 초기에 만든 대통령제의 문제점인 대통령 선거인단을 뽑는 제도가 그릇된 선거라는 것을 알고도 아직도 선거인단 제도를 그대로 답습하고 있다.

이처럼 정치제도를 바꾼다는 것은 결코 쉬운 일이 아니다. 한국과 같이 정치 후진국에서는 정치인들이 자신들의 이해관계에 의해서 정치제도를 바꾸려는 의도가 있기 때문에 내각제가 가지고 있는 근본적인 장점을 상실하는 경우가 있기 때문이다. 한국은 현재 지구상에서 유일하게 남북이 분단된 상황에 있다. 특히 북한이 핵개발 성공이라는 강수를 던지면서 전쟁위험이 도사리고 있다. 북한에 대해서 유엔안보리를 비롯하여 미국과 전 세계가 경제압박을 비롯한 강력한 제재조치를 취하고 있다. 이러한 상황에서 내각제를 비롯한 반대통령제 등의 정치체제를 바꾸는 문제는 신중하게 생각해 볼 문제이다.

우선적으로 현재 대통령제의 기본원칙인 삼권분립의 원칙을 바탕으로 국민들이 총선이나 지방 선거 등 각종 선거를 통해서 국정운영에 대해서 비판을 가해서 점진적인 방향으로 정치발전을 시켜나가는 방안이 최선의 선택이라고 본다. 향후 남북관계 등의 진전사항 등을 고려하여 내각제와 반대통령제 등으로 정치체제를 바꾸었으면 한다. 그러나 궁극적으로 글로벌 시대에 초 일류국으로 가기 위해서 현재의 대통령제에서 내각제나 반 대통령제로 정치제도를 변화시켜 나가야만 한다.

ㄴ. 선진화된 정치문화와 정체성 확립이 글로벌 시대의 초일류국을 만든다.

국제정치학에서 국가의 힘을 평가하는 요소 중에서 그 국가가 가지고 있는 군사력과 경제력과 자원 등 여러 가지 요소가 있다. 그중에서도 중요한 요소는 민족성을 들고 있다. 민족성이 강하다는 말은 국가에 대한 애국심과 충성심이 강하다는 것이다. 민족성이 강한 민족은 독일과 유태인 및 일본을 들 수 있다. 독일의 경우는 게르만 민족의 우월성을 항상 가지고 있었다. 독일이 프랑스 나폴레옹에게 패하자 당시 철학자 피히테는 독일 국민에게 고함이라는 연설로서 독일 민족이 프랑스 민족보다 우수한 민족이라는 것을 과시하였다. 일본 역시 국가에 대한 강한 충성심을 가지고 있다. 그 예로서 일본이 2차대전에서 패망한 다음날 바로 일본인들의 인사는 안녕하세요에서 다시 일어섭시다였다. 2차대전에서 패망한 이후 가장 먼저 강대국으로 다시 일어난 나라는 라인강의 기적을 이룬 독일과 일본이었다.

미국의 경우는 다민족 국가다. 인종의 집산지가 바로 미국인들이다. 미국인들은 겉으로 보기에는 애국심이 없어 보인다. 그런데 그들은 비상시에는 애국심이 세계 어느 나라 보다 강하다. 또한 미국은 최고라는 자부심이 강하다. 9.11테러 발생 다음날 미국은 어느 누가 시키지도 않았는데도 아침 출근길에 자동차 앞에 모두가 다 성조기를 달고 나왔다. 그리고는 위대한 미국이라는 노래를 불렀다. 미국이 세계 패권국이 된 원인은 바로 이러한 애국심이 강한 국민성 때문이다.

한국도 과거에는 세계 어디에 가도 한국인이라면 대우를 받지 못했다. 그 이유는 한국이 일본으로부터 독립된 신생 후진국이었기 때문이다. 과거에는 선진국 미국에 가면 미국인들은 일본인만 알아주었다. 단지 한국인하면 6.25 한국동란과 남북분단국이라는 것 외에는 전혀 생소했다. 그러나 이제 한국은 경제브랜드 세계 10위권에 들어가는 경제대국으로 성장하였다. 유럽과 미국 등 선진국과 경쟁하는 강대국의 문턱에 들어섰다. 이제 한국하면 삼성의 스마트폰이 세계 최고 다국적 기업인 미국의 애플과 경쟁하고 있다. 한국하면 삼성을 미국인들은 머릿속에 떠올린다. 또한 자신의 발과 같은 자동차하면 현대 자동차를 세계인들은 생각하면서 동시에 한국을 기억한다.

이러한 상황에서 우리에게 필요한 것은 강한 정체성이다. 유태인이 강한 이유는 바로 정체성 때문이다. 유태인으로 이스라엘 민족은 수천 년간 나라 없이 떠돌아 다녔다. 그러나 그들은 항상 조국을 생각하는 강한 정체성을 가지고 있었다. 그들은 전쟁이 나서 국가에서 소집하지 않아도 스스로 자진해서 조국으로 돌아와 국가를 지킨다. 이것이 바로 유태인이 정치적으로 미국의 워싱턴 가를 좌지우지하고 세계 경제를 지배하는 원동력이다.

한국은 이제 글로벌 초일류국으로 비약하기 위한 준비를 하고 있다. 정치적으로는 아직 선진국에 못 미치는 후진성을 면치 못하고 있다. 그 이유는 바로 경제에 비해 정치가 후진국 수준에서 벗어나지 못하고 있기 때문이다. 정치 선진화를 위해서는 정치문화를 개선하는 일이다. 정치문화를 개선하는 일은 힘든 일이다. 왜냐하면 문화를 바꾼다는 것은 쉬운 일이 아니기 때문이다. 문화를 바꾼다는 것은 의식주의 습관을 바꾸는 것만큼이나 힘든 일이다.

그러나 우리국민들의 경제수준이 이미 선진국과 같은 수준이다. 따라서 정치문화를 바꾸는 일도 국민들의 노력 여하에 따라 그렇게 어렵지 않다. 관료주의라는 말을 만든 막스 베버는 동양과 서양을 비교해서 동양이 서양보다 민주화가 늦은 이유는 바로 위정자들에 대항하지 않고 그냥 복종만하기 때문이라고 한다. 사실상 한국과 중국은 집권자들에게 복종만하고 대항해서 싸우지를 않았기 때문에 동양의 민주주의는 발전하지 못했다. 반면 서양은 독재와 싸워서 민주주의를 쟁취했다.

이제 한국의 국민들은 정치인들의 잘못에 대해 뒤에서 비난만 할 것이 아니다. 잘못 뽑았다고 비아냥거리기만 한다. 잘못 뽑은 것은 국민들의 잘못이 크다. 뽑기 전에 적극적 자세로 그들을 검증하고 능력과 도덕성을 검증하여야만 한다. 또한 매사를 재치고서 선거에 적극적으로 참여하여 자신의 주권을 행사하여만 한다. 이것이 바로 정치 선진화로 가는 지름길이다. 우리는 경제선진화는 이미 이루어졌다. 단지 정치 선진화만 이루면 세계 초일류 선진국으로 도약한다. 우리는 정치 선진화가 경제 선진화와 조화와 균형을 이루는 정치문화를 창조해내기 위해서 적극적으로 나서야만 하다.

M. 정치발전이란 무엇인가

최근 고조되고 있는 촛불시위, 청와대 국민청원 등 한국인들의 정부규탄 시위 성향과 행동은 한국의 정치발전의 양상으로 나타난 현상이라고 규정지을 수 있을 것인가에 대한 학술적인 차원에서 설명해 보기 위해서 정치발전론의 이론에 적용해 보고자 한다.

1960년대 이래로 정치발전이라는 용어가 비교정치학자들 사이에 논의되기 시작하였다. 그러나 현재까지도 비교정치학의 문헌에는 정치발전이라는 용어에 대한 개념 자체가 다양할 뿐만 아니라 혼미한 상태에 있다. 이러한 용어 자체의 혼미성은 정치이론의 정립에나 일반사회과학 자체의 발전에 제한을 주고 있다.

정치발전론에 대한 개념을 정립하기 앞서서 몇몇 학자들의 이론을 소개해 보고자 한다. 50년대와 60년대에 있어서 다각적인 연구의 어프로치가 대두된 바 있으나 그것을 다음의 3가지로 특징 지워서 개관해 볼 수 있다. 첫째로 체계 기능적인 어프로치에 의존한 발전연구로서 예를 들면 아몬드와 파월(Almond and Powel)의 비교정치(Comparative Politics: A Developmental Approaches)와 데이브 에프터의 근대화 정치(Politics of Modernization)에서 찾을 수 있다. 둘째의 어프로치는 사회학적 어프로치로서 공업화, 도시화, 직업의 유동성의 증가 등 근대화의 일부이면서 정치발전에도 함축적인 의미를 지니고 있는 현상을 말한다. 대표적인 예로서 칼 도이치의 논문 사회 근대화와 정치발전(Social Modernination and Political Development)와 다니엘 러너의 전통사회의 통과(The Passing of Traditional Society: Modernizing The Middle East) 등을 들 수 있다. 셋째는 역사적 어프로치로서 두 개 이상의 사회를 비교하면서 정치발전과 관련시켜 보려고 노력한다. 대표적인 학자로서 블랙(Cyril Black)의 근대화의 급속한 변이(The Dynamics of Modernization)과 바링턴 무어의 독재와 민주의 사회적 기원(Social Origins of Dictatorship and Democracy) 등을 들 수 있다.

정치발전 연구의 접근방법 외에 학자들 간에 정치발전의 개념의 정의에 의견이 분분하다. 알몬드는 정치발전의 개념정립에 크게 공헌한 학자이다. 그는 정치발전을 분석하는데 세 가지의 기준, 즉 구조의 다양함, 하부구조의 자치, 문화의 세속화 등을 들고 있다. 알몬드의 의견과는 대조적으로 루시안 파이는 정치발전을 3가지 요소 즉 타당성, 국가의 통합 및 참여 등으로 분류하고 있다. 파이의 분석 방법에 따르면 정치발전이란 정치제도와 관련하여 개인 간의 평등성의 증가, 환경과 관련하여 정치제도의 수용능력의 증가 및 정치제도 내에서의 제도와 구조의 다양성의 증대 등을 들 수 있다.

사무엘 헌팅톤도 정치제도 내에서의 정치발전의 개념을 타당성, 애국심, 민주성, 동원성의 4가지로 분류하고 있다. 헌팅톤은 타당성은 특수성으로부터 일반성으로의 전환 및 산만성으로부터의 특수성 및 기능의 다양성과 대중의 동원성도 정치발전을 뜻한다고 강조하고 있다. 헌팅톤과 알몬드 외에 정치발전의 개념정립에 공헌한 학자로서 로버트 워드와 와이나 교수를 들 수 있다. 워드의 주장에 따르면 정치발전이란 기능의 차이점이 높은 정도를 말하며 정치구조나 정치역할의 통합을 의미한다고 한다. 또 와이너 교수에 따르면 정치발전이란 다섯 가지의 통합 즉 국가의 통합, 지역의 통합, 가치의 통합, 엘리트와 대중의 통합 및 통합적인 행동을 의미한다고 주장한다.

이상의 학자들의 어프로치 및 개념 등을 통합해 볼 때 계속해서 정치발전이란 무엇이냐 하는 것에 대해서 혼미한 상태에 있다. 일반적으로 이상의 학자들의 의견을 종합해 볼 때 정치발전이란 단독적인 현상이라기보다는 사회·경제적 차원과 함수관계로 파악하여야 한다는 것이다. 즉 어떤 일방적인 관계로 보다는 상호작용을 통해서 일정한 역사적 시점으로 형성되는 과정을 보려는 것이며, 종속적이거나 독립적인 관점을 벗어나 상호연관적인 현상을 보려는 것이다.

이상의 학자들의 개념을 정리해 볼 때, 정치발전이란 사회에서 요구하는 증가추세와 맞추어서 정치제도의 수용능력의 성장과정 현상이라고 할 수 있다. 성장에 대해서 여러 가지 형태로 취할 수 있으나 우선 정부 기능의 다양성, 조직 면에서의 복합화, 정치제도의 자율성 증대 등을 뜻하는 것으로 볼 수 있다. 결론적으로 말하면 정치발전이란 정치의 제도화를 말하며 정치수용 능력이 성장과정을 통해서 지방의 도시화, 국민들의 교육수준의 증가, 구 가족 제도의 붕괴 및 언론보도의 공정성 등을 통해서 국민들이 보다 정부에 대해서 합법성의 요구의 증대, 국민들의 민주주의 정신의 증대 및 정치적으로 민주주의의 갈망 및 동원성 등의 요소로 규정지어서 특징지을 수 있다.

3

누가 어떻게 한국의 정치풍토를 개혁할 것인가

A. 경상도와 전라도 출신만이 대통령이 되는 정치풍토: 김종필은 왜 대통령이 되지 못했는가

한국의 정치풍토는 미국이나 서양 선진국들과는 완전히 다른 정치풍토이기 때문에 미국이나 서양국들의 당선 전략을 사용하는 경우는 당선이 사실상 불가능하다.

미국도 지역감정이 있기는 하다. 미국은 간접선거를 통해 대통령을 선출할 선거인단을 뽑는다. 가령 캘리포니아주, 뉴욕, 텍사스주와 같이 큰 주 출신이 대통령 후보인 경우는 당선 가능성이 높기 때문에 약간 유리하기는 하다. 그러나 한국처럼 출신 지역이 그렇게 중요하지는 않다.

한국은 정치발전을 위해서는 반드시 없애야만 하는 지역감정 문제를 선거에 당선되기 위해서는 정치공학적으로 활용하는 전략이 절대적으로 필요하다.

과거 70여년 간의 정치사를 통해서 현재까지 11명의 대통령을 탄생시켰다.

초대 대통령을 제외하고는 대다수의 대통령들이 지역감정을 활용하여 대통령에 당선되었다.

한국의 지역적 인구분포도를 보면 영남지역(경상남북도)이 38퍼센트, 호남(전라남북도)이 28퍼센트, 충청(충청남북도)이 17퍼센트이다. 영남, 호남, 충청을 합치면 한국의 전 인구의 83퍼센트를 차지한다. 나머지 17퍼센트는 경기, 강원, 이북, 제주지역의 인구다. 영남, 호남, 충청을 제외한 지역 출신들은 정치권에서 비주류로 취급받는다. 특히 제주도는 지금은 교통이 발달되어서 비행기로 1시간 이내의 거리에 있기는 하지만 예부터 탐라국이라 명명되어서 국민들에게 생소하게 느껴져 왔다.

좁은 국토의 남한은 지리산이라는 거대한 산맥이 지역을 동쪽으로는 영남과 강원을 한 지역으로 호남과 충청을 묶어서 다른 한 지역으로 만들어 양쪽을 갈라 놓으면서 교통의 단절로 인해 문화적인 면에서 이질감을 느끼게 만들었다.

인구분포도를 보면 영남과 호남 출신의 대통령이 탄생할 가능성이 가장 크다.

한국 정치사에서 큰 정치인이 되기 위해서는 영남이나 호남의 양대 지역 출신이 아니면 대통령이 될 수가 없다는 말이 있다.

비근한 예로서 한국 정치사에서 3김 시대를 이끌었던 김종필 전 총리는 김영삼, 김대중 대통령과 같은 비중있는 정치인으로서 정치사에 기록되고 있기는 하다.

그러면 왜 김종필은 대통령에 출마하였으나 당선되지 못하였는가.

바로 그의 출신 지역이 충남 부여인 충청도 출신이기 때문이다. 만일 김종필 전 총리의 출신지가 영남이나 호남이였다면 그는 확실히 대통령에 당선되었을 것이다.

지난 70여년 간 한국의 대통령들의 출신 지역을 보면 초대의 이승만은 황해도, 윤보선은 내각제 선출직이 아닌 명예직, 박정희는 경북, 전두환(간선제)은 경남, 노태우는 경북, 김영삼은 경남, 김대중은 전남, 노무현은 경남, 이명박은 경북, 박근혜는 경북, 문재인은 경남이다.

이상의 10명의 한국 대통령들의 출신지역을 보면 초대 이승만을 제외하고는 영남과 호남지역 출신들이다. 이승만의 경우는 국부로서 그 당시는 한국에 지역감정이 없던 시대였다.

그 한 예로서 자유당 시절의 전남 광양 출신의 조재천 전 경북도지사를 들 수 있다. 조재천 지사는 경북 대구에서 국회의원에 다선으로 당선되었으며 동시에 경북도지사까지 당선되었다. 이처럼 이승만 자유당 시대에는 지역할거가 존재하지 않았다.

동시에 1963년 10월 15일 박정희 국가재건최고회의 의장이 군복을 벗고서 출마한 제 5대 대통령 선거는 현재의 동서 간의 지역주의가 아닌 남북 즉 영호남이 합쳐서 전라도 지역주민들이 영남 출신의 박정희에게 몰표를 주는 바람에 한국 대통령 선거 사상 가장 근소한 표차이인 1.5퍼센트의 15만 표 차이로 간신히 박정희 후보가 당선되었다.

충청도 출신의 윤보선은 충청도와 경기도 및 서울에서 몰표를 받았으나 박정희 후보에게 근소한 차이로 패하고 말았다.

지역감정이 본격적으로 살아나기 시작한 것은 71년에 치러진 제7대

대통령 선거에서부터였다. 당시 여당 후보는 박정희 현직 대통령과 야당 후보는 김대중 전 대통령의 대결로서 결국 영남 후보와 호남 후보 간의 영호남 대결 구도에서부터 현재까지 지역감정이 심각한 수준으로 정치발전의 암적인 존재로 남아있다.

당시 대통령 선거에서는 박정희 후보가 김대중 후보에게 약 1백만 표 차이로 승리를 했다. 이 선거의 결과는 영남권 인구가 호남권 인구보다 약 10퍼센트 더 많았기 때문에 결국 김대중 후보가 선거에서 패하고 말았다.

따라서 정치공학적 관점에서 대통령에 당선되기 위해서는 영남이든 호남이든 어느 한쪽의 절대적 지지를 바탕으로 하지 않으면 당선이 불가능하다.

예를 들면 노무현 전 대통령은 영남 출신이지만 호남이 텃밭인 민주당을 절대적 지지 기반으로 하면서 자신의 출신 지역인 부산 경남 즉 PK 지역의 민심을 흔들어서 표를 추가하여 득표를 하였기 때문에 노무현 후보는 대통령에 당선될 수 있었다.

문재인 대통령 역시 민주당 지역의 아성인 호남을 지역기반으로 하면서 동시에 자신의 출신지인 부산 경남에서 어느정도 추가 표를 흡수하였기 때문에 당선 가능하였다.

이처럼 한국에서 대통령에 당선되기 위해서는 지역을 잘 타고나지 않으면 대통령이 되기가 결코 쉽지 않다.

현재 한국 지역의 인구분포도를 보면 서울, 경기, 인천지역의 수도권 인구가 한국 인구의 약 40퍼센트 정도를 차지하고 있다. 결국 대통령 선거의 당락은 인구가 밀집된 수도권이라고 할 수 있다. 그런데 수도권 지역의 인구분포도를 출신지역 인구로 분석하면 영남권 출신이 38퍼센트, 호남권 출신이 28퍼센트, 충청권이 17퍼센트로서 전국 인구분포도와 비슷하다고 할 수 있다.

수도권을 승부처로 거는 원인은 농촌의 고령화 현상으로 인해 농촌 지역 거주민의 연령은 60대 이상의 고령화로 인해 지역감정이 매우 강한 성향을 가지고 있기 때문에 다른 지역 출신의 후보가 그 지역을 공략하기는 쉬운 일이 아니다. 반면 수도권 지역은 비교적 젊은 층 유권자로 구성되어져 있기 때문에 그들은 자신과 같은 성향의 후보자에 대해서 출신 지역이 다르다고 할지라도 자신에게 이익을 줄 공약을 내건 후보자에게 투표하는 경향이 강하다.

동시에 젊은 층의 유권자들은 후보자의 공약, 추진력, 인간성 등 다양한 관점에서 보기 때문에 지역감정을 초월하여 투표하는 경향이 강하게 작용한다. 따라서 수도권 지역의 상당수의 유권자들이 신세대의 젊은 층으로서 극우나 극좌의 이념 성향을 벗어난 중도성향의 유권자들로 구성되어져 있기 때문에 당장 자신들에게 필요한 경제와 복지문제를 가지고 접근하는 경우 상당히 강한 호응을 기대할 수 있다.

인구 17퍼센트의 인구분포도 면에서 3위인 충청도 사람들에게 선거때만 되면 타도 사람들이 멍청도라고 부른다.

그 이유는 충청도 사람들은 거대 영남과 호남 사이에서 자신의 정체성을 확립하지 못하고서 양쪽으로 흩어지는 경향이 강하다. 영남의 경우는 "우리가 남이가"라는 말을 할 정도라 결속력이 강하다. 그러나 영남보다 인구가 작은 호남의 경우는 선거 때만 되면 전라남북도가 단결하여 영남권에 대한 강한 라이벌 의식과 영남출신이 정권을 오래잡았다는 피해의식 때문에 더욱더 강한 결속력을 바탕으로 투표율이 가장 높다.

충청권의 경우는 3위권이기 때문에 어느 한쪽으로 붙어야만 한다는 의식을 가지고 있다. 충청남북도의 남도와 북도는 각자가 행동을 하기 때문에 결속력이 매우 약하다.

지난 수십 년의 충청권의 경우는 동서 간의 지역 대립구도를 형성하면서 호남권과 결속하거나 또는 충남은 호남권과 결속하고 충북은 영남권과 결속하여 영남과 충북과 강원이 한 지역으로 뭉치고 호남과 충남이 또 다른 한 지역으로 뭉치는 동서 간의 지역 대결 구도를 형성하였다.

그러나 현재 대통령 선거에서 가장 중요한 변수는 전 인구의 40퍼센트가 넘는 수도권에서의 지역대결 구도를 치러야만 한다. 수도권의 경우도 호남인들이 많이 거주하는 지역과 영남인들이 많이 거주하는 지역에서 나타나는 투표 현상은 출신 지역의 투표성향이 상당히 많이 작용하고 있기는 하지만 그래도 유권자의 성향이 지역감정보다 크게 작용하는 경우가 허다하다.

수도권에서의 유권자들의 성향은 극우나 극좌가 아닌 중도 보수 또는 중도 진보의 상향을 가지고 있기 때문에 언제든지 보수나 진보로 돌아서서 흡수되는 경향이 강하다.

대부분의 정치인들은 자기 출신지와 다른 사람들이 많이 거주하는 지역에 출마하기를 꺼린다. 그 이유는 아무리 뛰어난 전국적인 인물이라도 유권자들이 자신의 지역출신지가 아닌 사람에게 투표하기를 꺼리기 때문이다. 동시에 정치인들 중에서 상당수가 당장 당선되어야 하기 때문에 지역감정을 부추기는 경향이 아직도 남아있다.

이처럼 한국은 아직도 지역감정이 사라지지 않고서 한국의 정치발전을 저해시키는 암적인 존재로 남아있다.

B. 보수 vs. 혁신에서 좌파 종북 빨갱이 vs. 보수꼴통의 심각한 이념 대립

한국은 현재 보수와 진보와 중도를 중심으로 정권이 교체되고 있다. 김대중 - 노무현의 진보정부 10년에서 이명박 - 박근혜 보수 정권 10년에 이어서 문재인 정부의 5년이 이제 막을 내리면서 다시 5년간 진보가 정권을 잡을 것인가 아니면 보수로 회귀할 것인지는 두고 봐야 할 일이다.

종전 역사적 관점에서보면 보수와 진보가 10년간 정권을 유지해 나간다면 문재인 정권 이후도 진보정권이 들어서야 한다. 그러나 한국의 정치 상황은 엄청난 돌출변수 현상이 도사리고 있기 때문에 예측이 불가능하다.

현재 한국의 정치발전을 저해시키는 가장 큰 암적인 존재가 지역감정에 이어서 보수와 혁신의 이념 간의 심각한 갈등대립 현상이다.

보수주의자들은 진보주의 성향을 가진 사람들에 대해서 북한 정권을 추종하는 종북 빨갱이로 몰아 붙인다. 반면 진보주의 성향의 사람들은 보수주의자들에 대해 사회에서 쓸모없는 사고를 가진 보수 꼴통으로 몰아 붙여서 상대하기를 거부한다.

보수와 진보의 대립은 심각성을 넘어서 전쟁상태로까지 번져나가고 있다. 양 진영의 화합은 불가능한 상태에 이르고 있다. 종북좌파 빨갱이와 미군 추종자이며 태극기 부대로 양측이 서로 비난하면서 정권 장악을 위해서 혈투를 벌이고 있다.

역사적 관점에서 보면 보수와 진보가 서로 공존하면서 정치발전을 위해서 노력해야만 한다. 그러나 현재 한국의 이념 대립이 극한으로 치솟고 있는 원인은 바로 남북분단 상황에서 미국과 북한이 개입된 자유민주주의와 공산주의 사상의 대립이 원인이라고 규정할 수 있다.

북한에 대해서 한민족 공동체 의식을 바탕으로 한 평화통일 방안을 제시하고 북한에 대해서 호의적인 김대중 정부와 노무현 정부에 대해서는 종북이며 좌파 빨갱이로 간주하며 한반도 안보에 위협적인 사상으로 보고 있다.

반면 진보주의 사상을 가진 사람들은 보수에 대해서 미국만 추종하는 미국의 노예로 보면서 미군 철수론과 동시에 미국을 제국주의 국가로 보면서 이들 보수주의자들을 상대할 가치조차 없는 꼴통으로 보고 있다.

대부분 6.25를 경험한 세대들은 강한 한미 동맹사상을 중심으로 한 북한을 한반도 안보에 위협적인 존재로 보고 있다. 그러나 최근 여론 조사에서는 상당수의 젊은 층이 북한에 대해서 적으로 간주하지 않고서 위험한 존재로 보지 않는 경향이 강하게 나타나고 있다.

특히 수도권을 중심으로 한 젊은 층에서는 북한은 더 이상 우리의 적으로 간주하지 않는 사람들이 증가하는 경향을 보이고 있다. 이들은 대부분 보수와 진보가 아닌 중도층 성향의 사람들이다.

보수 성향의 사람들은 대부분 친미주의자들이며 반면 진보 성향의 사람들은 반미주의자들이다.

따라서 현재 상황으로 보아서는 극우나 극좌의 성향을 벗어나서 양쪽의 의견을 동시에 수용하여 정책을 결정하는 방안이 가장 적절한 방안이라고 사료된다.

대통령의 리더십은 보수와 진보를 통합하는 리더십이 필요하다. 너무 극우적 보수나 극좌적 진보는 국민들의 의견을 양분화시키기 때문에 분열 현상을 초래하게 된다.

특히 선거에서 이기기 위한 전략적 방안은 보수 중도적 사고를 바탕으로 해야 한다. 다시 말하면 한미공조와 남북한 공동체 의식을 동시에 수용하는 대북정책 방안을 마련해야만 한다. 김대중 – 노무현의 강한 한민족공동체 중심의 사고와 이명박 - 박근혜 정부의 강한 한미공조 사고의 중간노선을 택하는 방안이 국민의 중심을 이루고 있는 젊은층과 중도층을 포섭하고 국론 분렬을 막을 수 있는 방안이다.

그러면 이론적이고 학술적인 차원에서 진보와 보수는 어떻게 필요한가.

진보와 보수의 역사는 인류가 사회를 형성하면서 시작되었다. 보수는 인간의 사유재산과 생명문제, 남녀 간의 차별문제, 인간 개인 간의 능력문제, 소수 엘리트 통치문제, 인간존재의 불완전성 등에 있어서 그대로 유지해 나가면서 기득권을 지키려는 성향을 보수주의라고 한다. 반면에 진보는 사회의 급격한 변혁을 통해서 기득권층이 가지고 있는 특권을 빼앗아서 고루고루 분배하자는 성향을 진보주의라고 규정할 수 있다. 보수와 진보 간의 작용과 반작용을 되풀이 하면서 인간사회는 발전을 거듭해 오고 있는 것이다.

진보는 큰 그림을 그리겠다는 이상주의적 접근법을 사용하고 있다. 또한 추상적인 사고방식을 가지고 있다. 반면에 보수는 현실적인 접근법과 눈앞에 보이는 구체적인 생각을 가지고 있다. 보수는 역사를 옆으로 나가지 못하게 하는 현상 유지를 바탕으로 한 발전을 원한다. 반면에 진보는 역사를 바로 한 단계 높이 끌어올려 보려고 노력한다.

진보로 인해서 인류의 역사는 내적인 면에서나 외적인 면에서 많은 발전을 거듭해 왔다. 그러나 보수는 인류의 역사가 진보로 인해 옆으로 급속하게 나가서 인류를 파멸의 길로 나가는 것을 막아 주는 제동장치 역할을 해서 인류의 발전에 공헌해 왔다.

만일에 보수 없이 진보만이 인류의 역사를 이끌어 왔다면 인류의 역사는 어떻게 되었을까?

경제학자 조셉 슘페터는 발전을 위해서는 창조적인 파괴가 절대적으로 필요하다고 한다. 진보는 인류의 모험과 파괴라는 개혁과 혁명을 항상 동반하고 있다. 개혁과 혁명은 인간사회를 혼란에 빠질 위험을 가지고 있다.

보수는 개혁과 혁명에 대해서 제동을 거는 브레이크 역할을 하여 왔기 때문에 인류가 파멸의 역사가 아닌 발전의 역사를 만들어 나가는데 중요한 역할을 하고 있는 것이다.

인류의 역사는 대부분의 기간 동안 보수 세력이 역사를 이끌어 왔다. 진보에 의해서 시작된 역사는 안정을 찾으면서 보수 그룹에 의해서 역사를 이끌어가면서 서서히 대다수 국민의 지지를 받기 시작한다. 얼마 후 사회는 보수화 사회로 변한다.

보수화 사회에서는 기득권층이 다수의 국민을 착취하면서 다시 진보주의자들에 의한 혁명이 요구되면서 사회는 혼란기에 빠진다. 무정부 상태에서 혼란한 사회는 얼마 후 안정을 찾으면서 역사는 인류를 위해서 한 단계 발전을 더 하게 된다.

혼란한 사회에서 안정된 사회로 들어서면서 기득권층인 보수 세력이 다시 등장하면서 사회를 이끌어나가게 된다. 인간의 역사는 이렇게 보수와 진보의 연속을 되풀이 하면서 발전을 거듭해 오고 있는 것이다.

우리가 경제학이나 정치학의 학문과 관련시켜서 생각해 볼 수가 있다. 경제학자나 정치학자는 사회의 정치현상이나 경제현상을 이론으로 만들어 이론에 적용해서 현실 문제를 해결해 나가려고 한다.

이론은 현실문제 뿐만 아니라 앞으로 현실 문제를 이상적으로 끌어 올려놓고서 좋은 방향으로 가도록 노력하고 있다. 따라서 경제학자나 정치학자의 이론은 이상주의적 접근방법인 것이다.

그런데 현실로 실무를 담당하는 정치인이나 경제인들은 현실의 문제를 직접 다루기 때문에 현안문제를 보다 합리적인 차원에서 일을 처리한다. 또한 모든 정치나 경제 현안 문제를 보다 구체적으로 파악해 낸다. 그들은 너무 현실의 이해 문제와 연관시켜 나가기 때문에 큰 모험이나 실수는 하지 않는다.

그러나 역사적이고 거시적인 차원에서는 실무자들은 크고 중요한 문제를 해결하지 못하는 봉착상태에 빠진다. 예를 들면 1930년대 초에 전 세계가 경제공황 상태에 빠지자 실무경제인들 사이에서 해결책을 찾았으나 그 해결책을 찾아내지 못했다. 그러나 경제공황 타개책을 찾아낸 사람은 현실 실무경제인 출신이 아닌 진보주의 이론가인 영국의 경제학자 케인즈가 그 문제를 해결하게 되었다.

케인즈의 이상주의적인 접근법은 실무자들은 도저히 생각해 낼 수 없는 이론이었다. 케인즈의 이론은 거시적인 차원에서의 큰 그림을 그려서 전 세계가 겪고 있었던 경제 공항을 해결해 냈다.

정치도 마찬가지이다. 실무 정치가들은 실무적이고 현실적인 차원에서 정치에 접근해 나가기 때문에 큰 그림을 그리지 못한다. 그 큰 그림은 바로 이상적인 차원의 정치발전인 것이다. 정치발전을 위해서는 현실적인 접근법도 중요하지만 모험이 수반된 이상적인 접근법이 필요하다. 따라서 거시적인 차원에서 정치발전은 이론적인 접근법을 병행하여야 한다.

혁명은 인류의 발전을 위해서 진보주의자들이 선택한 파괴적인 선택인 것이다. 인류의 발전을 위해서는 어느 정도의 파괴는 필수적인 요건이다.

결과적으로 현재 한국이 겪고 있는 보혁간의 심각한 이념 대립은 결국 사회와 정치 혼란을 초래하여 한국의 정치발전에 큰 장애물로 남아있다. 따라서 한국의 정치발전을 위해서는 보수와 진보와 중도가 서로 공존과 상생을 추구해 나가야만 한다.

제2장

한국 역대 대통령의 성공과 실패 원인 분석

I. 한국 민주화 운동사

누가 지역주의의 목을 칠 것인가, 누가 한반도를 통일시킬 것인가, 누가 한국을 초일류 국가로 만들것인가. 이 세 가지 과제가 바로 한국이 당면한 과제이다. 앞으로 훌륭한 정치가가 나타나서 해결해야 할 가장 시급한 문제다.

역사학의 아버지 레오폴드 폰 랑케는 역사는 객관적인 시각에서 서술해야만 한다.라고 말하고 있다. "프랑스 혁명사"을 쓴 토마스 카알 라일은 지배자들이 받는 비극은 하늘이 내린 천벌이라고 규정하고 올바른 지도자상을 주장하고 나섰다.

왜 한국의 역사를 생각하는 사람들은 속이 따갑다기 보다 너그러움을 느끼는가? 바로 20세기는 광란의 한국사의 연속이었기 때문이다. 역사의 현장에 섰던 인물들 모두가 다 비극의 최후를 맞았기 때문이다. 초대 대통령 이승만은 학생혁명에 의해서 하와이로 도주하였다. 다음에 나타난 장면 내각 총리도 박정희 군사정변으로 물러났다. 박정희 역시 심복 부하에게 암살당했다. 역사 현장에서 옆에서 지켜보던 영부인 육영수 여사도 암살당했다. 철권을 휘두른 전두환과 노태우 모두 감옥생활을 하였다. 김영삼과 김대중은 평생 동안 감옥생활과 가택연금 생활을 당하고 살았다.

민주화 이후에 등장한 노무현 역시 자살로서 일생을 마감하였다. 노무현 이후에 등장한 이명박·박근혜 두 전직 대통령 역시 임기 후이거나 임기 중에 감옥행을 하였다.

프랑스 혁명의 저자 카알라일이 말하는 악한 지도자들이 천벌을 받는다.라는 말이 곧바로 떠오른다. 그러면 무엇이 한국의 정치지도자들을 이토록 불행하게 만들었는가? 한국의 지도자들은 과연 카알라일처럼 악한 지도자인가? 그렇지 않다고 본다. 한국의 정치풍토가 그렇게 만들어버렸다고 본다. 이제 그 역사는 전설 속으로 사라졌다. 단재 신채호 선생은 역사를 잊은 민족은 미래가 없다. 또한 역사를 잊은 민족은 그 비극의 역사를 되풀이 한다.라고 말했다. 그렇기 때문에 우리는 과거 우리 선조들의 먼 지나간 전설처럼 되어가는 역사를 기억하고 있어야만 한다.

수년 전 한국은 역사교과서 국정화 문제로 나라 전체가 술렁거렸다. 왜 그럴까. 그 이유는 역사란 그만큼 중요하기 때문이다. 글로벌 시대에 햄버거를 즐겨먹고 미국식 힙합과 나이키 신발을 좋아하는 청소년들에게 역사를 잊지 않기 위해서다. 라면보다 빅맥을 빈대떡보다 치즈피자에 자신도 모르게 침을 흘리는 청소년들에게 정체성을 심어주는 방법은 무엇인가. 깜둥이들의 힙합과 나이키 신발에 미국을 존경하지 않는다. 존경이나 멸시가 아닌 의식을 상실한 무의식 상태로 청소년들은 반응한다. 일본은 우리의 적이다라는 사고는 무의식 상태에서 나온다. 그 이유는 바로 일본 = 강점기 + 알파이기 때문이다. 알파가 바로 역사이다. 역사는 바로 임진왜란, 위안부 사건과 독도문제 등이다. 따라서 일본 = 적이라는 공식이 무의식적으로 머릿속에서 도출되기 때문이다.

낭만주의 시인 조지 고든 바이런은 역사란 미래의 자화상이다.라고 한다. 바이런의 말과 같이 과거의 역사가 현재를 결정한다. 또한 현재의 역사는 미래의 운명을 결정한다. 그렇기 때문에 과거의 역사를 무의식 상태에서 기억하고 있어야만 한다. 낭만주의를 대표하는 시인 윌리엄 워즈워드는 그의 시 「무지개」에서 "어린이는 어른의 아버지"라고 말하고 있다. 바로 청소년들의 의식이 국가의 미래를 결정하기 때문이다. 미국인들이 가장 좋아하는 시는 영국시인 클론 버클리의 「제국은 늘 서쪽으로 향했지」이다. "이제 우리의 후예가 나타나서 찬란한 황금의 시대를 열어갈 것이다"라는 구절을 미국인들은 사랑하고 있다. 바로 후손들은 선조들의 서쪽으로 향하고자 한 개척정신을 기억하고 있어야만 한다는 것이다.

미국은 불과 2세기만에 세계 패권국이 되었다. 그것은 바로 그들이 자랑하는 개척정신 때문이다. 지금도 후손들은 개척시대를 그리워하고 망상에 사로잡혀 있다. 우리도 해방 이후 현재까지 힘들었던 민주주의 역사를 기억하고 있어야만 한다.

해방 후 상당히 오랫동안 한국의 정치는 광란의 정치라고 할 정도로 후진성을 면치 못했다. 그 소용돌이 속에서 수많은 정치인들이 추풍낙엽같이 떨어졌다. 그 소용돌이 속에서 한국 정치사의 중심에 선 인물들은 대통령들이다. 해방 이후부터 현재까지 한국 정치제도는 한 차례의 내각제를 제외하고는 대통령 중심제였다. 그동안 한국 정치사는 11명의 대통령과 1명의 내각제 총리를 배출하였다.

일제 강점기에서 해방된 1945년부터 1960년 4.19 학생혁명이 일어난 연도를 민주주의의 태동기로서 한국 민주주의 역사의 제1기라고 명명할 수 있다. 여기서 4.19는 과거에는 학생의거라고 했다. 그러나 현재 역사 교과서에서는 4.19 의거를 4.19 혁명이라고 부른다. 따라서 이 글은 객관적인 시각을 견지하기 위해서 공통적으로 사용되는 4.19를 혁명이라고 명명하고자 한다.

1961년부터 1979년까지를 민주주의의 2단계라고 분류하고자 한다. 1961년은 박정희가 5.16 군사정변을 일으키던 바로 그해이기 때문이다. 5.16이 군사 쿠데타냐 아니면 혁명이냐를 두고서 현재까지도 논란의 대상이 되고 있다. 5.16이 쿠데타냐 혁명이냐에 대한 이론적인 논리는 뒤로하고 여기서 일반화된 용어인 정변으로 사용하고자 한다. 왜냐하면 개인의 주관대로 5.16은 쿠데타다 혹은 혁명이다라고 명명해 버리면 아직 논쟁상태인 5.16에 대한 객관성을 상실해 버리기 때문이다. 따라서 이 글에서 5.16을 객관성을 토대로 가치중립적인 입장에서 군사정변이라고 명명하고자 한다.

1979년은 10.26 사태로 박정희 유신호가 침몰하는 바로 그해다. 그렇기 때문에 민주주의 제2기는 여기까지로 단락을 지으려고 한다. 제3기는 1979년 12.12 전두환 군사 쿠데타부터 1987년 노태우 6.29 직선제 선언까지로 단락 지을 수 있다. 여기서 12.12는 군사 쿠데타라는 말은 이미 대법원 판결에서 성공한 쿠데타로 규정지어 버렸다. 따라서 12.12는 명백한 군사 쿠데타다.

제4기는 1988년 노태우 6공 정부부터 2002년 김대중 국민의 정부까지를 민주주의 개척시대의 완성시기라고 명명한다. 제5기는 2003년부터 시작된 노무현 정권부터 현재를 거쳐서 미래까지를 민주주의를 개척시킨 후손들의 민주주의 혁명의 재도약 단계의 시대라고 할 수 있다.

한국의 민주주의는 개척자들의 엄청난 희생을 거치면서 유럽의 민주주의가 걸린 시간보다 단축시켰다. 유럽의 정치발전사는 영국의 명예혁명, 프랑스 혁명, 미국 혁명 등의 수백 년의 역사를 거치면서 발전해 왔다. 유럽의 민주주의 발전사에 비하면 한국의 민주주의 역사는 엄청난 속도로 단기간에 발전하였다. 이것은 미국이 단시간에 신천지 황무지를 장미꽃 피는 옥토로 만든 것과 유사하다. 따라서 한국 민주주의 혁명사를 미국의 서부개척사에 비유해서 생각할 수 있다. 미국 개척사는 서구 유럽 민주주의 혁명의 역사보다 훨씬 단기간에 완성했다.

미국 개척사를 미국을 대표하는 소설에 비유하여 한국 민주화 혁명사에 접목시키고자 한다. 미국 서부개척 1기는 정체성의 혼동기 였다. 정체성의 혼동기를 대표하는 소설은 다니엘 호손의 주홍글씨를 들 수 있다. 젊은 신부와 젊은 유부녀의 간통사건은 정체성을 혼동시켰다는 것이다. 청교도 정신을 바탕으로 하는 서부개척기 1기의 미국인들의 정체성 혼동을 잘 보여주고 있다. 바로 두 남녀를 마을 밖으로 추방시켜 버리기 때문이다. 한국 역시 1945년 해방부터 1960년 4.19 학생혁명까지 정체성의 혼동의 시기였다. 한국 정체성의 혼란을 일으킨 주인공은 바로 패권국 미국과 도전국 러시아(구 소련) 였다.

2차대전 이후 한반도에는 두 마리의 야수가 나타난다. 한 마리는 자유주의를 신봉하는 미국이다. 다른 한 마리는 공산주의를 신봉하는 구소련 러시아다. 한반도는 38선을 경계로 남은 미국 북은 러시아가 갑자기 점령하여 통치권을 행사한다. 국민들을 정체성 혼동의 도가니로 몰아넣었다. 친탁이냐 반탁이냐 문제부터 국민들은 혼동되었다. 남한은 자유주의를 내세우는 미국의 손아귀에 들어갔다. 미국은 민족주의자보다는 친미주의자를 선호했다. 결국 된장국과 보리밥을 좋아하는 김구를 죽이고 빵에 버터를 발라먹고 서양 부인을 두고 한국말은 서툴고 영어만 유창한 친미주의자 이승만을 내세웠다. 혼란기에는 군대가 중요했다. 1945년 일본이 물러가면서 바로 국방경비대라는 군대부터 설립하였다. 이중에서 군 최고 통치자를 만들기 위해서 군사영어학교라는 이름의 군사 학교부터 만들었다.

이것은 미국이 1620년에 처음 이민 온 102명의 청교도들이 제일먼저 목사양성기관이자 미국 개척기를 이끌어갈 정신적 지주 양성기관인 하버드대학을 1636년에 설립한 목적과 같다. 군사영어학교 출신들은 영어와 미국식 사교댄스 등 서양식 세뇌교육을 받았다. 군사영어학교 출신들을 보면 군번 1번의 이형근, 군번 5번의 백마고지 영웅 김종오, 30세 육군참모총장과 두 번의 참모총장을 역임한 정일권, 32세에 참모총장을 지낸 백선엽 등 모두가 다 군사영어학교 출신이다. 친탁 반탁의 혼란기에 남한의 똑똑한 젊은이들은 모두 마르크스의 공산주의 사상인 평등사회라는 구호에 혼동되어서 북한으로 올라갔다.

미국과 러시아의 두 마리 야수가 만들어낸 자유주의와 공산주의는 패권국과 도전국의 전략적 이념이다. 패권국 미국은 도전국 러시아를 막기 위해 봉쇄정책을 사용했다. 2차 대전후 5년 만에 발생한 1950년 한국동란은 미국과 러시아의 대리전쟁이었다. 한국전쟁은 미국과 러시아의 무승부로 끝났다. 이때부터 미국은 메카니즘 선풍을 일으킨다. 공산주의는 무조건적으로 몰아부쳐 때려잡는다. 미국인들의 사고는 유럽인들과는 다른 사고를 가지고 있다. 유럽인들은 자신들은 악마가 될 수 있다는 사고를 가지고 있다. 그러나 미국인들은 자신들은 결코 악마가 될 수 없다는 사고를 가지고 있다. 유럽인들은 천국과 지옥에 들어가기 전에 심판을 받는 연옥이 있다는 사고를 가지고 있다. 미국인들은 천국 아니면 지옥이지 연옥은 결코 없다는 사고를 가지고 있다. 미국인들의 사고는 도 아니면 모지 결코 개나 걸은 있을 수 없다는 생각을 가지고 있다. 바로 제로섬 게임이다.

6.25 한국전쟁 이후 한국인들은 미국의 영향으로 북한의 공산주의 빨갱이 잡기에 몰두한다. 붉은 색깔은 무조건 적으로 보는 사상이 1950년대 한국사회를 지배하였다. 이 시기에 한국 민주주의는 3명의 민주화와 산업화 주인공을 탄생시킨다. 민주주의 개척자 중 한 사람은 김영삼 전 대통령이다. 다른 한 명은 김대중 전 대통령이다. 이들이 바로 한국 개척기의 민주주의 혁명사의 역사 현장의 주인공들이다. 다른 한 사람은 김대중, 김영삼의 민주화 운동을 막으면서 한국 근대 산업화를 추진해 나간 박정희 전 대통령이다. 한국 민주주의 혁명사의 초기 개척기의 주인공들이 바로 김영삼, 김대중, 박정희다.

한국 정치발전사는 박정희, 김영삼, 김대중이 역사의 현장에 서서 한국정치사를 이끌어 나간다. 결국 한국 민주주의 역사의 초기 개척기는 이들 3명이 중심이 된다. 중반기는 전두환, 노태우 두 전직 대통령이 중심이라고 할 수 있다. 후반기 한국 정치사는 노무현, 이명박, 박근혜가 역사의 현장에 있다고 할 수 있다.

그러면 한국 민주주의 개척기 시대에 중심에 있던 인물들부터 시작해서 중반기와 후반기로 넘어가고자 한다. 김영삼, 김대중, 박정희 이들은 한국 민주주의 태동기에 무엇을 하였는가? 이들은 모두 청장년기로 역사 현장에 있었다. 먼저 김영삼은 1947년 서울대 철학과에 입학한다. 당시 전국 웅변대회에서 2등을 하면서 당시 외무부 장관인 창랑 장택상 외무장관상을 받게 된다. 이것이 정계 입문의 인연이 된다. 얼마 후 1950년 한국동란이 일어나자 국방부 정훈국에서 군복무를 하였다. 곧 바로 국무총리 장택상의 비서로 정계입문을 하는 행운아가 되었다. 1951년 마산 고무신 공장 소유주의 딸인 손명순과 결혼한다. 1954년 제3대 국회의원 선거에서 고향 거제도에서 여당으로 출마 최연소 26세에 당선된다. 곧 실시된 이승만 장기집권인 4사5입 개헌에 반대한다. 탈당하여 야당인 민주당의 구파로서 민주주의의 개척자로서 역사에 등장하게 된다. 초기 김영삼의 인생은 장밋빛이 감도는 행운아 인생이 시작된다.

김대중은 같은 시기에 무엇을 하였는가? 김대중은 고향인 전남 목포에서 목포상고를 수석 입학, 우등 졸업한다. 만주에 있는 건국대학교에 합격했으나 그만두고 일찍부터 목포에서 해운업을 시작한다.

1945년 첫째 부인 차용애와 결혼한다. 차용애는 목포의 거부이며 인쇄업을 하는 차보륜이 그녀의 삼촌이다. 또한 5공 시절 권력형 금융스캔들로 유명한 장영자는 차용애의 외사촌 동생이다.

김대중은 목포해운 사장을 거쳐서 언론사인 목포일보를 인수하면서 정치에 관심을 가진다. 1950년 6.25동란 당시 국방부 해경경비대 소속 자위대 군인으로 군 복무를 한다. 이후 1954년 김영삼과 같이 제3대 국회의원 선거에 목포에서 출마한다. 그러나 낙선한다. 이때부터 정치역경이 시작된다. 김대중이 대통령 선거에서 3번 낙선 후에 4번째 당선된 것과 똑같이 정계입문도 그랬다. 1958년 제4대 국회의원 선거에서 고향 목포가 아닌 강원도 인제에서 출마한다. 다시 낙선을 한다. 1960년 4.19 학생혁명으로 인해서 5대 국회의원 선거가 치러진다.

김대중은 또다시 고향 목포가 아닌 강원도 인제에서 출마한다. 그러나 텃세와 부정선거에 밀려 또다시 낙선한다. 얼마 후 인제에서 당선자가 부정선거에 몰려 보궐선거가 실시된다. 보궐선거에서 김대중은 당선이 된다. 4번째 도전하여 드디어 정계에 입문하게 된다. 그러나 당선증을 받고 3일 만에 1961년 5.16 박정희의 군사정변으로 인해서 국회의원직을 상실하게 된다. 이때부터 박정희와의 악연은 시작된다. 김대중은 민주주의 태동기부터 힘든 삶이 시작된 것이다.

박정희는 민주주의 태동기에 무엇을 하였는가? 박정희는 대구사범을 거쳐 신경만주군관학교 (봉천 만주군관 후신)와 일본육사를 2등으로 졸업한다. 해방되자 군사영어학교의 후신인 육사 2기로 입학한다. 왜냐하면 군사영어학교는 얼마 후 없어졌기 때문이다. 1946년 10월 1일 발생한 대구폭동사건으로 박정희의 형인 박상희가 총살당한다. 박상희의 딸이 후에 3김 시대를 이끄는 김종필의 부인 박영옥 여사다. 박정희는 1948년 10월 19일 여수 순천에서 국방경비대 소속 14연대에서 발생한 여수 순천 반란사건에 연루되어 사형선고를 받는다. 사형선고 후 첫째 부인이자 대구사범 학생 때 결혼한 부인 김호남이 스님으로 절로 입적한다.

이후 사면되어 군에서 민간인 신분인 무급의 문관으로 근무를 한다. 이 시기가 박정희의 가장 힘든 시기였다. 1950년 6.25 동란이 일어나자 소령으로 군에 복직한 후 1951년 부인 육영수와 재혼한다. 1953년에 장군인 육군준장으로 진급, 1958년 소장으로 진급하고 1961년 5.16 군사정변을 주도하였다. 초기 개척기에 박정희 역시 김대중과 같이 평범한 삶이 아닌 생과 사를 오가는 힘든 시절이었다.

다음으로 민주주의 혁명사의 2기인 1960년부터 1979년까지 역사를 살펴볼 수 있다. 민주주의 2기는 미국 서부개척사 2기에 비유할 수 있다. 미국인들에게는 낭만주의는 존재하지 않는다. 미국인들은 유럽인들이 가지고 있는 낭만주의라는 말을 상실하고 말았다. 미국인들은 자연을 낭만의 대상으로 보는 것이 아니다. 바로 자연은 극복해야만 하는 대상이 되고 말았다. 달 밝은 밤 콜로라도 강 언덕에 서면 유럽인들은 아름다운 강의 경관부터 본다. 미국인들은 강을 건너야만 한다는 생각으로 강의 물살부터 본다. 포장마차의 원조는 미국이다. 한국인들은 포장마차하면 눈 오는 날 함박눈을 흠뻑 맞으면서 포장마차에 들어가 가장 친한 친구와 격식없이 오뎅 국물에 소주잔을 기울이며 정지용의 말마따나 옛이야기 지줄대는 생각부터 연상한다. 미국인들은 반대다. 포장마차하면 포장마차 주변에 숨어서 이마에 짐승들의 끈을 두르고 포장마차를 향해서 총을 겨누고 옆에는 포장마차를 향해서 돌진해 오는 버팔로 물소부터 연상한다.

미국은 낭만주의 없이 바로 자연주의로 넘어간다. 미국 개척사 2기를 대표하는 소설은 모비딕이다. 모비딕은 외눈박이의 산채만한 크기의 괴물고래 백경이다. 미국은 서부개척을 위해서 목숨을 걸고서 자연과 싸우면서 자연을 극복해 나가야만 했다. 그 자연은 바로 바다 속에 있는 괴물고래 백경을 의미한다. 미국 서부개척기의 개척자들은 자연과 싸우면서 엄청난 희생을 감수해야만 했다. 인디언들과 싸움을 비롯해서 록키산맥 등 자연을 헤치고 서부로 서부로 진군해야만 했다.

한국 역시 1960-70년대 민주화 개척사는 엄청난 희생을 요구하였다. 1960년대는 전 세계가 암흑기였다. 전 세계는 상실의 계절로 들어서고 있었다. 그것은 문화 예술을 보면 알 수 있다. 60년대는 니체의 비합리주의, 로티의 반본질주의, 푸코의 권력, 데리다의 해체주의, 바흐친의 카니발, 그람시의 헤게모니 등에서 잘 나타나고 있다. 1960년대 세계는 인권주의자들의 희생을 강요하였다. 미국 대통령 존에프 케네디의 암살, 케네디 동생 법무장관 로버트 케네디의 암살, 인권운동가 마르틴 루터 킹 목사 암살, 역시 인권운동가 말콤 X의 암살 등을 들 수 있다. 60년대 미국은 러시아 봉쇄정책에 실패한다. 러시아를 봉쇄하기 위해 1962년부터 월남전의 수렁에 빠져든다. 월남전은 엄청난 미국 젊은이들의 목숨을 앗아갔다. 버클리 대학을 중심으로 젊은이들은 월남전 반대 시위에 휘말린다. 젊은이들은 히피를 비롯해서 미국정부에 반감을 가진다. 미국은 더 이상 패권국의 자리를 유지할 권위를 상실해가고 있었다.

일본은 "요시다 독트린"으로 2차대전 패망국으로 유럽을 재치고 미국의 경제 도전국으로 급성장 해버렸다. 이러한 시기에 나타난 주인공이 바로 박정희다. 일본식 모델을 답습하여 단시간에 한국을 후진 농업국에서 선진 공업국으로 근대화시키는 것이 박정희 정권의 희망이자 꿈이었다. 농업사회에서 공업사회의 근대화로 넘어가기 위해서 필요한 조건을 한국사회는 전혀 갖추고 있지 못했다. 단지 풍부하고 질 좋은 노동자들의 노동력 하나가 가장 좋은 자산이었다. 박정희 정권은 단시일에 산업화 목적을 달성시키기고자 했다. 중요한 요소는 기술, 자본, 노동력이었다. 이중에서 노동력 하나만 갖추고 나머지는 다른 나라에서 빌려와야만 했다.

박정희 정권의 아이디어는 미국과 일본을 이용하는 것이었다. 미국은 1953년에 한미동맹을 체결한 동맹국이다. 미국은 월남전에 개입하면서 군사력이 필요했다. 한국정부는 미국을 이용하여 월남전 파병 조건을 걸었다. 외화벌이가 목적이었다. 동시에 미국을 담보로 일본과 독일로부터 차관을 받도록 미국에게 도움을 청하였다. 한국은 독일로부터 차관을 받아낸다. 여기에다 한국의 간호사와 광부를 보내 외화를 버는 이중효과를 얻어냈다. 문제는 일본이었다. 미국에게는 일본이 가장 필요했다. 1951년 샌프란시스코 조약으로 미일동맹이 결성되었다. 미국은 한일관계를 빨리 마무리하도록 독촉한다. 박정희 정권은 산업화 목적을 위해서 일본으로부터 얻어낼 수 있는 것은 단기간에 미국 다음의 제2의 경제대국이 된 기술과 돈이었다.

문제는 과거 식민지와 지배자 관계에서 발생한 국민적 감정을 해소시키는 일이었다. 박정희 정권은 산업화에 필요한 돈과 기술을 얻기 위해서 일본과 한일협상체결에 들어간다. 이 과정에서 1965년에 체결된 한일협정전에 발생한 회담을 반대하는 대규모 시위가 1964년 6월 3일의 6.3사태였다. 돈과 기술의 필요성이 결국 한일회담을 너무 조속하게 서둘렀다. 박정희의 눈에는 일본의 돈과 기술뿐이었다. 협상 결과 현재 위안부 문제를 비롯하여 독도 문제 등 많은 문제점을 현대 한국 후손들이 떠안고 있다.

한일회담에서 김대중과 김영삼은 민주화 투사로 산업화의 주역인 박정희와 첫 번째 싸움이 시작된다. 김영삼은 야당인 민주당의 원내총무로 김대중은 야당의 대변인으로 떠오르는 별로서 주목을 받고 있었다. 한일회담 반대에서 김영삼은 민주당의 윤보선계 구파로서 강경노선을 반면 김대중은 박순천계 신파로서 온건노선을 걸었다. 김영삼은 한일회담 끝까지 반대로 김대중은 조건부 반대 입장을 표명한다. 이때부터 김영삼, 김대중 민주화 투사는 박정희 정권에 함께 도전장을 낸다. 반면 내부적으로는 라이벌 관계로 출발한다.

박정희는 산업화를 조속하게 달성하기 위해서 총력전을 기울인다. 압축경제 정책 추진을 위해서 개발독재가 시작된다. 희생되는 것은 노동자들의 노동력 착취와 인권탄압이었다. 희생양은 개발독재에 반대하는 학생, 재야인사, 정치인, 언론인 등 민주화 인사들의 인권탄압이었다. 60년대 민주주의 운동은 수면 아래에서 서서히 움직이고 있었다. 60년대 박정희의 산업화는 예상외로 크게 성공을 거두고 있었다. 그러나 70년대의 박정희의 산업화는 실패한다. 그 원인은 군의 경직성 때문이다.

비교정치학자들의 논리는 "군은 결단력과 추진력 때문에 초기에는 대부분 성공한다. 그러나 군 조직은 상하 명령계통을 토대로 한 경직된 조직이다. 군의 경직성이 발전의 한계성에 도달하도록 한다. 따라서 군의 정치개입을 반대한다"는 것이 일부 학자들의 논리이다.

박정희의 경제정책은 60년대는 성공한다. 60년대 산업화 성공은 질 좋고 풍부한 노동자들의 인권유린의 대가였다. 압축경제성장을 조속하게 성공시키기 위해서는 재벌들의 대기업 육성이 가장 필요하였다. 대기업은 일사분란하게 잘 움직여줄 조직을 갖추고 있었기 때문이다. 여기서부터 정경유착이 시작된다. 60년대 대표적인 정경유착은 삼성사카린 밀수사건이다. 김대중은 필리버스터 연설을 5시간 19분 원고 없이 최장기간 연설로 기네스북에 올랐다. 이때부터 김대중은 박정희 정권의 감시 및 탄압의 대상으로 지목되기 시작한다.

60년대는 행정부 우위의 관치행정의 시대였다. 당시 일개 정부 과장급 서기관이 세계 최고의 다국적 기업과 계약을 체결할 정도로 막강한 권력을 행사했다. 그 대표적인 케이스가 황병태 전 민주당 부총재를 들 수 있다. 60년대 당시 중앙경제부서의 과장인 황병태는 다국적 석유회사인 영국의 쉘 석유회사 회장과 대등한 위치에서 협상할 정도로 관료 천하로 변하고 있었다. 박정희의 산업화는 경제 관료와 전문화된 군사조직의 개입으로 인한 권위주의 체제의 관료주의 국가로 변모하게 되었다.

관료와 군의 천하로 변하기 시작한다. 관료의 권위주의는 국민의 봉사자가 아닌 국민 위에 군림하면서 국민들의 인권을 유린하기 시작한다. 여기서부터 민주주의 인권운동은 가속화되기 시작한다. 1960년대 모든 권력의 중심은 청와대와 중앙중보부의 양대 산맥이었다. 청와대는 전략기관으로 중앙정보부는 실무기관으로 인권침해의 산실이었다.

60년대 청와대와 중앙정보부의 조직원들을 보면 청와대에선 이후락이 1963년부터 1969년까지 최장기 비서실장을 지낸다. 다음으로 중앙정보부장은 초대 김종필과 2대 김재춘을 거쳐서 최장기의 김형욱 시대를 연다. 결국 이후락과 김형욱의 양대 산맥이라고 할 수 있다. 둘이서 인권문제에 대해서 계획과 집행을 했다고 할 수 있다. 60년대 민주주의를 파괴하고 인권침해의 악당인 이후락과 김형욱은 누구인가.

이후락은 제갈조조의 별명을 가지고 있다. 중국 삼국지의 삼국시대를 좌지우지한 제갈공명과 조조의 양쪽의 두뇌를 합친 것만큼 두뇌회전이 빠른 인물이다. 경남 울산 울주 출신인 이후락은 군사영어학교와 미 육군 참모대학 출신이다. 육군 소장출신으로 5.16 당시는 군에서 전역한 상태였다. 최장수 비서실장으로 60년대 정치공작과 민주화 인사들의 인권침해 전략은 거의 대부분이 이후락의 아이디어다.

김형욱은 황해도 신천출신이다. 초등학교 출신으로 일본군 하사관 중사출신이다. 2차대전 시 일본군으로 동남아시아에서 참전한 경력의 소유자다. 김종필과 김재춘에 이어서 3대 최장수 중앙정보부장으로 민주화를 방해한 악명 높은 역사적 인물로 등장한다. 60년대 한국의 모든 정치공작의 전략은 이후락이 짜고 집행은 김형욱이 해냈다. 김형욱은 특유의 무식과 뚝심을 바탕으로 무자비한 인권유린을 감행했다.

70년대는 박정희 정권의 2기라고 할 수 있다. 이때부터 한국의 민주주의 역사는 새로운 2개의 물줄기를 타게 된다. 한줄기는 노동자들의 인권침해에 대한 민주주의 운동이 수면 위로 부상하였다. 다른 한 줄기는 재야와 정치권 인사들의 더욱더 강한 민주화 운동이다.

유신독재정권의 시작과 함께 박정희 정권의 강한 인권탄압이 시작된다. 김영삼, 김대중 두 민주화 투사와 함께 재야인사들의 목숨을 건 민주화 항쟁이 시작된다. 1970년을 기점으로 민주화는 저항을 넘어서 보다 체계적이고 대규모적 항쟁으로 번져 나간다. 노동계에선 1970년 전태일 청계천 피복노조 분신사건으로 보다 강한 노동운동이 시작된다. 동일방직, 반도상사 등의 노동자들의 인권민주화 노동운동이 전국적으로 번져 나갔다.

노동운동은 마침내 농민들의 민주화 운동으로 연계되면서 함평 고구마 사건과 안동 감자사건으로 농민민주화 운동으로 불씨가 번져 나간다. 불씨를 번지게 만든 것은 재야 종교계 인사들이였다. 박정희 정권의 탄압은 더욱더 거세지기 시작했다. 1973년에 발생한 김대중 납치사건, 1974년의 재일교포 문세광의 육영수 암살사건을 시작으로 최종길 교수와 장준하 선생 의문사를 비롯하여 외국 언론인 추방과 동아일보 광고 사태 등 언론탄압을 가중화시켰다.

정치계와 재야인사들의 민주화 운동도 유신정권에 강하게 저항하였다. 1976년 3.1절 명동사건을 비롯하여 야당의 원내의 김영삼과 원외의 김대중이 정치계 민주화를 이끌어나갔다. 1979년은 국가경제 침체로 인해 많은 기업들이 부도로 인해 문을 닫았다. 박정희의 경직성 경제개발정책이 한계에 도달한 것이다. 생필품 값은 폭등하였다. 노동자들의 반발은 마침내 폭발하였다. 그 결과 중앙정보부장 김재규는 박정희를 암살하는 10.26 사태가 발생하였다. 박정희 정권의 몰락은 경제정책 실패 → 중소기업 파산 및 노동자 해고 및 인권 유린 → 노동자의 폭동 → 야당총재 제명 → 엘리트 관료들의 권력투쟁 → 박정희 암살 → 박정희 정권의 몰락으로 시대적인 순서를 매겨볼 수 있다.

다음 단계는 한국 민주주의 혁명의 제3기에 들어서게 된다. 이 시기는 1979년 12.12 사태부터 1987년 6월 29일의 6.29 직선제 개헌까지의 기간이다. 이 기간을 미국 개척기에서 마크 트웨인의 허클베리핀의 모험에 비유할 수 있다. 이 소설은 서부개척에서 지친 미국인들이 안정을 찾고 정착을 원하는 시기에 있었다. 미국인들은 더 이상 개척을 원하지 않았다. 이러한 시기에 미국인들에 개척의 필요성을 일깨우고 끝까지 개척해 나갈 것을 호소하여 새로운 개척시대를 열었다는데 이 소설은 당시 미국시대를 대표하는 소설이다.

여성 정치철학자 한나 아렌트는 "전체주의란 정치, 경제, 언론, 군사 등 모든 것을 통제하는 체제"를 전체주의라고 정의를 내리고 있다. 한나 아렌트는 "전체주의는 몰락과 함께 무정부 상태를 만들고 혁명을 통해서 새로운 정부를 형성하는 혁명의 사이클"을 주장하고 있다. 박정희의 유신체제의 전체주의는 결국 절대적으로 몰락하고 말았다.

박정희 정권의 몰락 이후 전문화되고 정치화된 군부가 쿠데타를 일으켜서 정권을 잡게 된다. 이 과정이 바로 박정희 정권의 몰락 후에 힘의 공백상태에서 나타난 전두환의 군사 쿠데타다. 12.12 군사 쿠데타를 일으킨 전두환 일당은 누구인가.

전두환은 1930년 경남 합천출생이다. 대구공고와 육사 11기인 정규육사 1기생이다. 정규육사는 1951년 6.25 한국동란 중에 시작된 정규 4년제였다. 이들은 매우 자부심이 강한 군인들이었다. 그중에서 전두환이 초기부터 군에서 두각을 드러내는 인물이었다. 1952년 전두환은 영남중심의 동기생인 노태우, 김복동, 최성택, 박병호 등과 함께 5성회를 만들었다. 이 5성회가 나중에 칠성회로 확대되고 결국 12.12 군사 쿠데타를 일으킨 하나회의 모체였다.

전두환 하나회는 육사 매 기수마다 몇 명을 회원으로 하여 강력한 결속력을 바탕으로 군을 세력화 시켜 나갔다. 결국 박정희 암살 후에 나타난 가장 강한 집단이 바로 하나회였다. 당시 12.12 군사 쿠데타를 주도한 곳은 보안사였다. 보안사 주축의 쿠데타의 주역들이 결국 정권 장악 후 12년 동안 군사정권 주역으로 등장한다. 전두환 정권 7

년과 다음 노태우 정권의 5년을 이들이 주역으로 등장한다. 그러면 12.12 주역이면서 전두환 이후에 등장한 노태우는 누구인가.

노태우는 1932년생으로 전두환과 함께 정규육사 1기 동기이면서 하나회 창립멤버이다. 경북 대구출신이다. 대구의 명문인 경북고 출신이다. 전두환보다는 군에서 두각을 드러내지 못했지만 전두환 다음으로 군에서 가장 먼저 장군으로 진급한다. 사실상 11기 동기생중에서 전두환과 함께 선두주자다. 노태우는 12.12 당시 9사단장으로 수도권 주변 군사적으로 중요한 요직에 있었다. 상급기관의 동의 없이 군사행동을 하여 쿠데타를 주도했다. 그 공으로 노태우는 전두환 정권시절부터 정권의 핵심에 있었다. 또한 전두환의 권력을 승계 받았다.

박정희 정권 후에 12.12 쿠데타로 권력을 잡은 군부는 이미 박정희의 산업화로 인해서 달성한 경제발전과 동시에 국민들의 민주화에 대한 높은 의식수준으로 인해 민주화의 저항에 부딪쳐서 휘청거린다. 12.12 군사 쿠데타를 감행한 전두환은 정권 창출의 기회를 포착하기를 기다린다. 동시에 한국은 서울의 봄이라는 민주주의의 도래를 기다리고 있었다. 서울의 봄은 전두환의 계엄중단을 문제로 학생들과 마찰을 일으키게 된다. 결국 학생들은 5월 15일 서울역 광장의 시위에서 물러나는 위화도 회군을 하게 된다. 서울의 봄은 68년 체코에서 드부체크에 의해서 일어난 민주화 운동으로 러시아 군부에 의해서 실패한 프라하의 봄에 비유한다.

전두환 정권은 무자비한 인권탄압을 시도한다. 그러나 이미 국민들의 의식수준은 높아진 상태에 있었다. 학생과 노동자가 연계된 노학을 비롯하여 재야인사와 김영삼, 김대중의 끈질긴 투쟁은 결국 가장 중요한 직선제 개헌을 이끌어 내는데 성공하면서 민주화 개척기는 성공적으로 끝을 내게 된다.

1988년 노태우 정권부터 2002년 김대중 정부까지의 기간을 민주주의 개척기의 정리기간인 제4기라고 명명한다. 이것을 미국 개척기의 제임스 페니모어 쿠퍼의 소설 라스트 모히칸 즉 "모히칸족의 최후의 전사"라는 소설에 비유할 수 있다. 라스트 모히칸은 서부개척기가 끝나가던 시기에 적으로 싸우던 인디언을 동지로 맞아들인다. 그렇지만 동지애에는 한계를 벗어나지 못한다라는 내용의 소설이다.

바로 노태우 정부는 라스트 모히칸이라고 할 수 있다. 노태우는 김영삼, 김대중 양김씨 분열로 인해서 어부지리로 헌정사상 최저의 지지율로 당선은 되었다. 그러나 노태우 정부는 이미 힘을 잃고 말았다. 여기에 민주화는 이미 성취시켰다. 김영삼은 과거 적으로 싸웠던 노태우와 김종필과 동지로서 3당합당을 한다. 그 후 김영삼 문민정부는 라스트 모히칸에서 인디언과는 동지로서 한계를 느끼는 것과 같은 현상이 발생한다. 바로 역사 바로 세우기에서 전두환, 노태우 두 전직 대통령을 감옥에 보내지만 사형은 하지 않는다. 또한 박정희 정권의 2인자인 김종필을 쫓아 버리고 만다. 다음에 나타난 김대중 정부도 김종필과 동지로서 DJP 공조를 이루면서 공동여당을 구성하여 라스트 모히칸 정신을 발휘하게 된다.

민주주의의 혁명사의 마지막 단계인 제5기는 개척기의 후손들이다. 2003년 출범한 노무현 정권에서부터 박근혜 정권을 거쳐서 미래 우리 한국의 정권까지의 기간을 말한다. 미국 개척사의 마지막 장에 해당되는 피츠제럴드의 소설 위대한 개츠비를 한국 민주주의 혁명사의 마지막 단계와 연계시킬 수 있다. 위대한 개츠비는 미국 서부 개척기가 지나서 미국인들에게 정체성의 확보의 안정성을 찾는 일이 가장 필요하였다.

1차 대전과 미국 마피아 갱단의 출현과 밀주 판매 등 미국은 혼란 속에 있었다. 개츠비는 밀주 판매와 마피아와의 거래 등을 통해서 갑자기 많은 부를 축적한다. 자신의 어두운 과거의 신분을 숨기기 위해서 상류층 인사들에게 접근한다. 그리고 신분상승을 꾀한다. 그러나 결국은 밀주 판매업자에다 마피아와의 검은 거래와 자신의 과거의 신분이 하류층이었다는 사실이 밝혀지면서 자살로 인생을 끝낸다.

이 소설에서와 같이 한국은 민주화 운동시대는 끝이 났다. 노무현 정부부터는 민주주의의 2기에 접어들면서 새로운 민주주의의 도약을 향해서 달려 나가는 시대를 맞이했다. 서양 민주주의 시대를 한국 민주주의 혁명의 역사와 비교해 볼 수 있다. 김영삼, 김대중은 개척기의 인물이다. 이들은 고대 플라톤의 사상에 비유될 수 있다. 노무현 이후의 민주주의는 아리스토텔레스 사상에 비유할 수 있다.

먼저 플라톤의 동굴론을 들 수 있다. 플라톤은 그의 동굴론에서 동굴 속 세상과 동굴 밖 세상으로 나누고 있다. 동굴 속 세상은 현실세상이며 동굴 밖 세상은 이상세계다. 많은 사람들이 캄캄한 동굴 속에서 쇠사슬에 묶여져 앞만 바라보고 있다. 동굴 밖 세상은 환한 세상이다. 동굴 속은 하루 중 잠시만 햇볕이 들어온다. 동굴 속에는 독사와 박쥐 등 위험한 짐승들이 주변에 있고 많은 사람들이 동굴을 탈출하는데 성공한다. 대부분 사람들은 더 이상 위험한 동굴 속에 대해서 생각하기를 거부한다. 그중에 일부는 위험을 무릅쓰고 동굴 속에 다시 들어가서 쇠사슬에 묶여서 고통을 당하는 사람들을 구출하려고 한다. 그들은 위험한 동굴 속에 다시 들어가서 고통 속에 있는 사람들의 쇠사슬을 풀고 동굴 밖으로 끌어내는데 성공한다. 이들이 바로 민주주의 개척시대의 선구자인 김영삼과 김대중이다.

다음에 김영삼, 김대중의 후손인 노무현 이후는 아리스토텔레스 철학을 생각할 수 있다. 플라톤이 좋은 집을 짓기 위해서 집의 터와 기둥과 지붕과 뼈대를 만들었다. 이것이 바로 초기 김영삼, 김대중을 비롯한 초기 민주주의 선구자들의 역할이었다. 다음으로 필요한 것은 집안에 들어갈 좋은 가구와 좋은 침대 등 잔잔한 것들을 만드는 일이 바로 노무현 이후의 세대들이 민주주의 혁명의 성공을 위해서 할 일이다. 동시에 개척기 민주주의 혁명의 시대는 고전적 자유주의 시대라고 할 수 있다. 토마스 홉스, 존 로크, 장자크 루소의 계약론을 바탕으로 국민의 기본권인 생명권과 재산권, 존엄권 등 국민의 주권을 국가와 국민이 계약을 체결하여 국민의 주권을 국가에 이양하는 계약이다.

만일 국가가 국민과의 약속을 지키지 못하는 경우 국민은 혁명을 통해서 주권을 되돌려 받는다는 것이 고전적 민주주의 이론이다. 루소는 여기에 국가와 국민 간의 계약이 아니라 주권 계약은 국민들 모두가 각자끼리 한다. 국민들은 주권을 그대로 가지고 있다. 단지 국가를 위해서 일할 대표자를 선출하는데 불과하다. 따라서 국가의 주인이며 국민의 대표자로 뽑힌 사람들은 단순히 국민들의 일꾼에 불과하다. 서양의 민주주의 혁명을 영국의 명예혁명, 미국혁명, 프랑스혁명 등이 바로 주권을 되찾는 민주주의 혁명이었다. 결국 국민이 승리를 했으며 이것이 고전적 민주주의의 혁명의 성공이다.

다음단계는 개인과 사회의 삶의 질을 향상시키는 민주주주의 단계에 들어갔다. 노무현 이후는 국민들의 삶의 질을 향상시키는 공리주의 시대의 민주주의를 추구해 나가고 있다. 이제는 투쟁의 시대는 끝나고 "최대다수의 최대 행복론"을 추구하는 신민주주의 시대이다.

그러면 민주화 이후에 나타난 정권의 주역들인 노무현 대통령, 이명박 대통령, 박근혜 대통령은 누구인가.

노무현은 1946년 경남 김해 출신이다. 부산상고를 나와 1975년 사법시험에 합격한 입지전적 인물이다. 잠깐의 판사 생활 후 인권변호사로 활동하다 김영삼에 의해서 발탁된다. 김영삼의 3당 합당에 불만을 느낀 후 김영삼과 정치적 동지에서 결별한다. 그 후 김대중 정부에서 장관 등 요직을 거친다. 노무현은 특유의 고집을 바탕으로 정책을 추진한다. 그러나 한국사회의 강한 보수 세력의 반발로 인해 그가 희망하던 개혁은 성공을 거두지 못한다. 퇴임 후 고향에서 칩거하던 중 절벽에서 투신자살로서 인생을 마무리 한다. 그의 자살로 인해 노무현 추종세력이 강한 결집력을 형성하여 친노라는 명명으로 정계의 중추적인 세력을 형성하고 있다.

다음으로 민주화 이후 노무현 다음으로 정권을 잡은 이명박은 누구인가.

이명박은 1941년 경북 포항출신이다. 포항 동지상고와 고려대를 졸업하였다. 회사원으로 대기업인 현대건설에서 일찍부터 두각을 보이며 샐러리맨의 신화로 등장하였다. 그 후 정계에 투신하여 서울시장과 국회의원을 역임하고 대통령에 당선되었다. 실용주의적 보수노선의 대표적인 인물로서 노무현과는 정반대의 정책을 추구하였다.

그러나 재임기간 중의 뇌물수수 등으로 인해서 현재까지 감옥살이를 하고 있다.

다음에 등장한 박근혜는 누구인가.

박근혜는 1952년 경북 구미출신이다. 성심여고와 서강대 출신이다. 전 대통령 박정희의 장녀로서 아버지 박정희의 정치모델을 적용하여 보수 온건 노선을 택하였다.

그 후 박근혜는 세월호의 대형 참사와 최순실 국정 농단 사건으로 인해 국민들의 촛불시위로 인해 헌정 사상 초유로 재임 중에 대통령직에서 탄핵되고 현재까지 감옥에서 옥고를 치르고 있다.

고대 그리스의 철인 아리스토텔레스는 그의 고전명저인 "정치학"에서 재산을 가장 많이 가진 시민과 가장 적게 소유한 시민 간의 격차는 4:1을 넘지 말아야 한다고 주장하고 있다. 만일 4:1을 넘는 경우에는 국민들이 혁명을 일으켜 국가가 혼란속으로 빠져들게 된다는 것이다. 또한 중간층의 비율이 높아야 국가는 안정된 체제를 유지하게 된다는 논리를 펴고 있다.

현대는 글로벌 시대이다. 한국은 개인과 사회를 동시에 보호하는 민주주의 혁명 시대에 들어가고 있다. 개인과 사회를 동시에 보호해서 빈부격차를 줄이고 양극화 현상을 없애는 시대이다. 또한 사회를 보호하여 경쟁력을 강화하여 세계 초일류 국가로 발돋움하는 것이 국가와 국민의 과제이다. 공리주의와 신공리주의 시대를 넘어서 국가가 국민의 행복을 위해서 적극적으로 개입하는 복지국가 시대에 돌입하는 민주주의가 필요한 시대이다.

제임스 밀의 공리주의와 존 스튜어트 밀의 신공리주의인 “최대다수의 최대 행복론”을 넘어서 이상주의 사회복지론자인 토마스 힐 그리인의 “개인과 사회를 동시에 적극적으로 보호”하는 이상적 민주주의의 뉴 패러다임을 요구하는 시대에 돌입하고 있는 것이다.

II. 한국 대통령들의 실패 원인

- 이승만부터 박근혜까지 -

정치인과 일반인들의 차이점은 정치인은 일반인들과는 달리 권력욕이 유난히 강한 인간을 말한다. 권력이란 한마디로 요약하면 남을 지배하겠다는 지배욕이 강하며 타인으로부터 존경을 받으려는 명예욕이 강한 사람들이다.

인간의 본성은 한번 권력의 맛을 본 사람은 권력이 가지고 있는 본질을 악용하며 그 한계를 넘어서는 경향을 가지고 있다. 대부분의 정치인들은 한번 잡은 권력을 오랫동안 유지해 나가기 위해서 불법행위를 하다가 결국은 불명예스럽게 권좌에서 물러나게 된다.

존 액톤경은 "절대적 권력은 끝까지 가고 절대적으로 부패하게 된다."라고 한다. 인류 역사를 통해서 한번 권력을 잡은 인물들이 그 권력을 순수하게 내놓은 경우는 대부분 영웅으로 추대받거나 훌륭한 인물로 기록되었다. 그 대표적인 예가 바로 프랑스의 드골 대통령이다. 대부분 후진국에서는 한번 권력을 잡은 인물들은 그 권력을 놓치지 않으려고 발악하다 최후에는 불명예스럽게 역사에 기록되는 인물로 남게 되었다.

해방 이후 지난 70여 년간 한국의 대부분의 위정자들 역시 한번 잡은 권력을 놓치지 않으려다 결국은 역사에 낙인이 찍히고 본인 스스로도 불행하게 생을 마감하게 되었다.

이처럼 권력은 추악한 실체에 불과하다. 권력에 집착하는 인물은 존경을 받지 못한다. 권력을 잡은 인물은 물러날 때를 잘 알아서 물러나야만 한다. 이것은 꽃과 같다. 아름다운 꽃은 떨어질 때 아름다워야 한다. 동백꽃과 벚꽃은 떨어질 때 아름답게 떨어지기 때문에 사람들에게 아름다워 보인다.

근대 권모술수론을 대표하는 마키아벨리는 그의 대표작 "군주론"에서 권력을 잡기가 어렵다. 그러나 그보다 더 어려운 것은 잡은 권력을 어떻게 잘 유지해 나가는가가 더욱더 어려운 일이다.라고 말하고 있다.

마키아벨리는 정치를 권력과 동일시하여 권력유지를 위해서 군주는 때로는 여우가 되고 때로는 사자와 같은 이중적인 행동을 하여야 한다는 권모술수론을 내놓았다. 사실 정치인들이 권력욕에 사로 잡혀 있을 때 그는 가장 추한 인간으로 떨어져 버린다. 또한 권력이 떨어져서 보호막이 없을 때 인간의 본성이 가장 잘 보인다. 로마 황제이자 오현제이며 철학자인 마르쿠스 알렐리우스는 그의 걸작인 "명상록"에서 인간에게 주어진 권력은 아무것도 아닌 단지 추악한 허상에 불과하다고 한다.

악성 베토벤은 나폴레옹이 혁명을 무마하고 세상을 평안하게 할 것이라는 기대에 영웅 교향곡을 심혈을 기울여서 만들었다. 그리고 그 곡을 나폴레옹에게 바치려 했다. 그러나 나폴레옹이 권력욕에 사로잡힌 것을 보고서 나폴레옹은 더 이상 영웅이 아니라 단순히 권력욕에 사로잡힌 평범한 인간에 불과하다.라고 하면서 영웅 교향곡을 찢어 버렸다는 유명한 일화가 있다. 이처럼 권력욕에 사로잡힌 군주는 가면을 쓴 추악한 인간으로 비쳐진다.

독일의 철학자 헤겔은 권력이 부여된 영웅 나폴레옹을 보고 인간에게 권력이 얼마나 중요한지를 말하고 있다. 헤겔은 나폴레옹이 마차를 타고 먼지를 일으키면서 자신이 거주하는 독일 예나에 쳐들어오는 것을 보고 인간에게 권력이 얼마나 중요한지를 눈으로 직접 보고서 "권력의 철학"을 시작하였다. 헤겔이 말하는 권력의 철학이 정치다. 사회계약론자로서 프랑스 혁명을 일으키는 원동력을 제시한 장자크 루소는 그의「고상한 야만인」에서 모든 것이 정치로 시작해서 정치로 끝난다고 정치의 중요성을 강조하고 있는가.

나폴레옹은 루소의 무덤을 찾았다. 그리고 첫마디로 만일 루소가 없었다면 현재의 나폴레옹은 존재하지 않았을 것이다.라고 말했다. 이것은 루소가 프랑스 혁명을 일으키는 사상적 원동력을 제시하여 혁명이 일어났기 때문에 결국 영웅 나폴레옹이 탄생된 것이다. 아리스토텔레스는 인간은 정치적 동물이기 때문에 누구나 태어나서 죽는 날까지 정치적 굴레에서 벗어날 수가 없다는 것을 강조하고 있다. 아리스토텔레스는 알렉산더 대왕의 스승으로 알렉산더에게 민주주의의 근원을 가르쳤다. 배를 만든 목수보다 배를 직접 모는 항해사가 그 배가 좋은 배인지 아닌지를 더 잘 알며, 파티에 초대된 손님이 음식을 직접 만든 요리사보다 더 음식 맛을 잘 알며, 집을 지은 목수보다 집에 직접 들어가서 사는 집주인이 그 집이 좋은 집인지 아닌지를 더 잘 안다는 정치적 논리를 제시하고 있다.

아리스토텔레스는 제자 알렉산더에게 빈부격차는 4:1을 넘어서면 폭동이 일어난다는 부의 평등의 중요성을 강조하고 있다. 아리스토텔레스의 논리는 바로 현대 국민을 바탕으로 한 “모든 권력은 국민으로부터 나온다” 간접민주주의의 철학을 제시하고 있는 것이다. 헬레니즘 시대를 대표하는 디오게네스는 왜 철학자로서 보다 정치가로서 이름을 날리고 있는가. 간디는 왜 사상가로서 보다 정치가로서 존경을 받고 있는가. 디오게네스는 알렉산더가 그를 방문하여 재상의 자리를 권고하면서 소망이 무엇인가라고 묻자 자신이 원하는 것은 “알렉산더 대왕이 자신의 앞을 가리고 서 있기 때문에 햇빛을 볼 수가 없어서 추워 죽을 지경이니 돌아가 주시는 것이 바로 그의 소망”이라는 반 헬레니즘 정서를 표현하는 정치를 싫어하는 정치를 하였기 때문이다. 그 때문에 그는 후세인들에게 존경을 받고 있다. 인도의 간디 역시 저항과 폭력이 아닌 “비폭력과 무저항”의 정치 아닌 정치를 하였기 때문에 존경을 받고 있는 것이다.

왜 공자와 맹자가 노자와 장자보다 후세인들에게 존경을 받는가? 중국인들의 사고를 형성하는 사상은 바로 공자와 맹자의 「유위문명」 사상과 노자와 장자의 「무위자연」 사상을 들 수 있다. 공자는 그 험난한 시절인 춘추시대에 15년 동안 천하를 얻기 위해서 철환하였다. 공자는 현실정치에 참여를 희망하였다. “공자가 사람을 죽였다.”라는 설이 있다. 동양 삼국을 대표하는 성현 공자가 왜 사람을 죽였다는 말을 들을까.

공자가 살던 시대는 중국 천하에 군웅들이 할거하던 춘추시대였다. 공자가 현실정치에 참여하여 작은 나라의 재상을 잠깐 지낸 일이 있다. 결국 공자는 험담과 괴소문에 시달렸다. 공자는 성인군자는 정치를 해서는 안 된다.라고 말하고 있다. 공자의 사상을 실천한 맹자는 춘추시대 보다 더 험난한 전국시대에 살았다. 맹자 역시 현실정치에 참여를 희망하였다. 맹자는 생명의 위협을 느끼면서 왕들 앞에서 직접 천자의 잘못은 혁명으로 왕을 추방하여야만 한다는 민주주의의 원칙을 주장한 인물이다.

그러면 노자와 장자는 왜 공자와 맹자보다 존경을 받지 못하는가. 노자와 장자는 "무위자연" 즉 자연에서 도피 행각이 최선이며 남과의 부딪치는 행동을 금하고 있다. 공맹사상은 실천과 참여이며 노장사상은 도피이다. 공맹사상은 권력욕에 사로잡히지 않은 현실정치 참여를 희망하고 있기 때문에 더욱더 존경을 받고 있다.

수도사 문화를 헌신짝처럼 내팽개치고 하느님이 가장 사랑하는 천사 라파엘의 말을 믿고서 젖과 꿀이 흐르는 땅 신천지로 이주해갔던 영국의 후손들인 미국인들은 왜 링컨 대통령을 신약에 나오는 예수에 비교하고 있을까. 링컨은 권력욕에서 벗어난 인권을 향한 국민의 정치가이기 때문이다. 영국 시인 클론 버클리의 시「제국은 늘 서쪽으로 향했지」와 낭만파 시인 윌리엄 워즈워드의 시의 구절인「어린이는 어른의 아버지」라는 구절을 미국인들은 왜 좋아할까.

바로 권력욕에 사로잡히지 않은 정의를 향한 정치적 성향의 시이기 때문이다.

베토벤, 공자, 맹자 등 모든 성현들이 말했듯이 정치는 권력욕에서 사로잡히지 말아야만 한다. 권력욕에 사로잡힌 인물은 큰 인물이 되지 못한다. 그러나 인간의 본성은 한번 권력을 잡은 사람은 극한에 도달하는 경향이 있다.라고 영국의 역사학자인 존 액톤경은 말하고 있다. 또한 액톤경은 "절대적 권력은 절대적으로 부패한다."라고 경고하고 있다. 앞에서 말했듯이 한국 현대 정치사에 등장한 인물들이 단순히 권력욕에 사로잡힌 인물이라면 그들은 더 이상 한국사에 나오는 역사적인 인물이 되어서는 안 된다. 만일 그들이 단순히 자신들의 사적인 권력욕을 채우기 위해서 정치를 하고 민주화를 추구해 나갔다면 우리 역사에서 그들을 지워야만 한다.

역사학의 아버지 레오폴드 폰 랑케는 한 인간에 대한 평가는 그 사람의 관 뚜껑을 덮은 후에 하여야만 한다고 한다. 현재 한국은 1948년부터 시작해서 현재까지 70여년을 지나면서 이승만, 윤보선(내각제), 박정희, 전두환, 노태우, 김영삼, 김대중, 노무현, 이명박, 박근혜, 문재인까지 11명의 대통령과 장면(내각책임제)의 1명의 총리를 탄생시켰다. 이승만부터 현 정부까지의 허와 실에 대해서 객관적이고 가치 중립적인 입장에서 논하고자 한다.

1

이승만은 왜 실패했는가

1948년 8월 15일에 시작된 제1공화국은 초기부터 많은 문제점을 가지고 출발하였다. 한국은 미국의 절대적인 영향권에 있었다. 미국은 미국편에 설 수 있는 친미주의자를 대통령으로 선택하고자 하였다. 당시 미국이 주목하는 인물은 민족주의자인 김구와 친미주의자인 서재필 및 이승만을 들 수 있다. 이 중에서 이승만이 서재필보다 적격인 이유는 이승만이 서재필보다 친미적 성향이 강하였다. 이승만은 권모술수를 소유한 인물로서 의사출신인 서재필보다 정치적 성향이 강했다.

미국은 처음부터 김구는 대통령의 대상에서 제외시켰다. 그 이유는 김구가 영어도 못하는 민족주의적 성향이 강했다. 미국은 김구를 교육을 받지 못한 무식쟁이로 여겼다. 미국의 사고는 만일 김구에게 정권을 맡기는 경우 반미주의 국가로 돌아설 것을 두려워하였다.

그러면 이승만은 누구인가.

초대 대통령인 이승만은 1875년 황해도 평산에서 세종대왕의 형인

양녕대군의 16대 손인 아버지 이경선과 어머니 김해 김씨 집안에서 셋째 아들로 태어났다. 위의 두 형들이 일찍 사망하자 몰락한 양반집안의 장남 노릇을 하였다.

어릴 적에 서울로 이사 와 서당에서 한문공부를 하였다. 과거에 수차례 응시하였으나 낙방하였다. 1894년 갑오경장으로 과거제도가 폐지되자 배재학당에 입학하여 신학문을 배운다. 당시로서는 매우 선각자이다. 1899년부터 고종황제 폐위문제와 관련하여 5년 7개월간 감옥생활을 한다. 이후 사면되어 1905년 특사자격으로 미국을 방문하게 된다. 그가 감옥에서 쓴 글인 "독립정신"은 그 후 책으로 출간된다.

1905년 조지워싱턴 대학에 편입학하여 학사학위를 받았다. 다시 하버드 대학에서 1907년 석사학위를 1910년 미국 프린스턴 대학에서 국제정치학 박사학위를 받았다. 이승만이 받은 정치학 박사 학위는 한국인으로서는 정치학 박사 1호에 해당된다. 몰락한 양반 가문임에도 불구하고 미국에서는 전주 이씨를 대표하는 왕족으로 행세를 하였다. 후에 대통령이 된 우드로우 윌슨이 프린스턴 대학의 정치학 교수 출신으로 이승만의 스승이었다.

미국 역사상 가장 유명한 대통령 중의 한 명인 윌슨은 프린스턴 대학교수와 동 대학 총장을 거쳐서 뉴저지주 지사를 거쳐서 미국의 대통령이 된다. 윌슨은 국제연맹을 창설하고 약소국 민족자결주의를 주창하여 한국의 독립운동에 영향을 주었다. 특히 1919년에 일어난 3.1 독립운동은 윌슨의 식민지 국가들의 독립운동 주창에 큰 영향을 받았다. 이승만은 스승인 윌슨의 도움을 크게 받아서 독립운동의 범위를 넓혀 나갔다. 이후 이승만은 미국에서 독립운동을 하면서 해방이 될 때까지 고국으로 돌아오지 못했다. 1919년 상해의 임시정부 수립 후에는 임시정부의 대통령으로 선출된다.

1925년 임시정부의 회원들의 탄핵으로 대통령 직에서 박탈당했다. 그러나 구미위원회를 구성하여 활동했다. 구미위원회는 후에 정계 거물이 된 조병옥, 장택상, 허정 등이 이승만을 도왔다. 1933년 제네바 협상에 참석하는 과정에서 오스트리아인 이혼녀 프렌치스카 여사와 만나 1934년 뉴욕에서 두 번째 결혼한다. 이승만의 첫 번째 결혼은 배재학당 시절 박승희와 결혼하여 아들을 한 명 두었으나 곧 병으로 사망하였다.

1945년 해방 이후 우익을 대표하는 인물로서 1948년 제헌국회 의장을 거쳐서 초대 대통령에 당선된다. 1951년 자유당을 창당하고 1952년 대통령 직선제를 추진하여 대통령에 당선되었다. 또한 4사5입 개헌안을 발제하여 초대 대통령에 한해서 연임을 허용하는 개헌안을 통과시켰다. 이후 1960년 4. 19 학생 혁명으로 인해 물러났다.

이승만과 함께 미국이 관심을 가진 인물은 민족주의자 김구였다. 김구는 이승만보다는 1년 늦게 1876년 황해도 해주에서 탄생하였다. 어릴 적에 서당에서 한문공부를 하였다. 그 후 동학교에 입교하여 접주가 되었다. 동학란에 참전하다 만주로 피신하였다. 만주에서 안악으로 돌아가다 일본인을 살해한 죄로 중형을 선고 받았으나 고종의 특사로 나왔다. 1919년 3.1 운동에 참전하고 상해로 피신하여 독립운동을 하였다. 이봉창 윤봉길 등의 사건을 뒤에서 진두 지휘하였다.

또한 지청천을 독립군 대장으로 임명하였다. 두 차례 임시정부의 주석을 맡았다.

해방 후에는 이승만과 함께 우익의 거두로서 활동하였다. 미 군정하의 남한만의 단독정부 수립에 반대하였다. 또한 이승만과는 대조적으로 미 군정하에 수립된 남한정부에 참여하지 않고 중립으로 남아있었다. 1949년 6월 안두희에 의해서 암살되었다.

이승만은 재임 12년 동안 친미주의적 외교와 반일 및 반공주의적 노선을 걸었다. 특히 1953년 반공포로석방과 평화선 설정 문제 등에 있어서 미국과의 마찰을 일으켰다. 1953년 휴전협정 후에는 한미동맹조약을 체결하였다. 북한과의 관계에서는 북진통일이라는 무력으로 진군하여 통일시키겠다는 정책을 추진해 나갔다.

이승만의 정치 스타일은 권모술수론자라고 할 수 있다. 그의 정치철학은 "일민주의"이다. 모든 국민은 법 앞에 평등하다는 사상을 바탕으로 한다. 그가 쉽게 권좌에서 물러난 이유가 바로 국민이 원하지 않으면 물러난다는 사고를 그의 평소 정치철학으로 삼았기 때문이다.

그는 집권 12년 동안 많은 업적을 남겼다. 경제적으로는 초대 농림부 장관인 조봉암을 시켜 농지개혁을 성공시켰다. 대통령 직선제 도입을 비롯하여 대미관계에서도 미국에 대해서 종속관계에서 벗어나서 약소국이기는 하지만 대등한 위치에서 미국과 외교관계를 수립하려고 노력했다. 일본과의 관계에서도 리라인 즉 평화선 라인을 구축하였고 일본과의 협상을 시도하였다. 북한과의 관계서는 한반도에서 북한을 정부로 인정하지 않았다. 또한 통일문제에 대해서 평화적 방법이 아닌 무력으로 한반도를 통일하는 북진통일 정책을 추진하였다.

이승만은 집권 12년 동안 일제 강점기에서 해방된 신생국으로서 힘든 시기에 중책을 맡아서 국가의 틀을 확립하는데 크게 기여하였다. 따라서 한국 정치발전에 기여한 점이 크다고 할 수 있으며 초대 대통령으로서 자격이 있다.

반면 이승만 정권이 만들어 놓은 실책은 바로 독재정치와 장기집권이다. 이승만이 만들어 놓은 신생국형 대통령제는 대통령이 왕권에 해당할 만큼 강화된 대통령 중심제형 정치체제를 형성하였다. 따라서 그 후에 나타난 대통령들은 대부분 원칙을 무시한 권한을 넘은 월권을 행사하는 전통을 만들어 놓았다.

대통령제는 입법, 사법, 행정의 삼권분립주의의 원칙을 준수하여야만 한다. 그러나 이승만은 행정부 중심의 일인권력형 중심의 정치체제를 구축하여 권력을 행사하였다.

영국의 역사학자 존 액톤경은 절대적 권력은 절대적으로 부패한다. 또한 절대적 권력은 결국 혁명을 초래하여 종말을 고한다.라고 말한다. 한번 권력에 대한 맛을 본 사람은 권력에서 손을 떼기가 힘이 든다. 그 이유는 인간은 불완전한 존재이기 때문이다.

그러나 훌륭한 인물로 역사에 기록되기 위해서는 가장 적시에 물러날 줄 아는 용기가 필요하다. 현대 프랑스의 영웅이 된 드골 대통령은 자신이 더 이상 자리에서 있을 필요가 없다는 것을 알고는 적시에 물러났다. 그 결과 드골은 프랑스 국민들로부터 지금도 영웅대접을 받고 있다.

이승만 대통령은 결국 혁명에 의해서 물러나는 불행한 대통령으로 전락하고 말았다. 이승만의 장기집권 전통으로 인해서 후임 대통령들과 가족들의 상당수가 뇌물죄를 비롯한 월권행위로 인해서 불운을 겪었다.

이승만의 정치 스타일은 마키아벨리즘인 권모술수론이라고 할 수 있다. 마키아벨리즘은 르네상스시대 현대 국가가 형성될 시기에 이태리 정치학자 마키아벨리가 군주의 권한을 강화하기 위해서 만들어 놓은 왕의 권력유지 방법을 말한다. 즉 왕은 여우와 사자의 이중성격을 감추고 다녀야만 한다는 논리다.

이승만은 1945년 해방 후 자신의 정치적 적들은 거의 대부분 암살이나 사형을 통해서 제거해 버렸다는 의혹을 받고 있다. 그리고 자신에게 아첨하는 예스맨들을 주변에 두고서 정치를 하였다. 자신에게 바른말을 하는 인물들이 없는 상황에서 정치는 일인 카리스마적 독재 정치형으로 변하게 되는 것이다.

이승만이 정치적으로 암살 또는 사형에 개입하였다는 의혹을 받는 인물들을 보면 다음과 같다. 우선 민족주의자인 김구를 들 수 있다. 철저한 민족주의자인 김구가 1949년 안두희에게 암살된다. 그런데 정부에서는 안두희의 처벌에 대해서 소극적이었다. 안두희의 배후세력이 결국 미궁에 빠졌다. 얼마 후 안두희는 석방되었다. 이것은 분명히 안두희의 배후 세력이 이승만을 중심으로 한 일당이라는 의혹을 면할 수 없다.

다음으로 서재필 박사를 들 수 있다. 서재필은 김옥균의 갑신정변에 참여한 개혁적 인물로서 갑신정변 이후 미국으로 망명하였다. 미국에서 의학공부를 하여 의사가 되었다. 서재필은 이승만이 1925년 임시정부 당시 회원들에 의해 대통령 직에서 실각된 후 미주위원회를 설립할 당시 이승만을 도왔다.

국내와 해외에서 독립운동시절 서재필은 이승만의 스승으로서 각별한 관계를 유지하였다. 서재필은 국내에서 독립협회와 독립신문 등을 창간하여 독립운동을 펼쳤다. 결국 국외로 추방되어서 미국에서 독립운동을 하였다. 해방후 미 군정청의 고문으로 추대되었다. 그러나 이승만의 방해 등으로 인해서 결국 한국정치에 혐오를 느껴서 미국으로 이주하였다.

다음으로 죽산 조봉암을 들 수 있다. 조봉암은 인천 강화 출신으로 이승만 정권하에서 초대 농림부 장관을 역임하였다. 조봉암은 농림장관으로서 농지개혁을 성공적으로 수행하여 이승만의 신임을 얻었다. 국회에 진출하여 국회부의장을 역임하였고 그 후 이승만의 독재정치에 항거하는 제3당인 진보당을 창당하여 대통령에 출마하였다. 그 결과 이승만과는 근소한 차이로 석패하고 말았다. 이후 이승만에게는 조봉암이 정치적으로 가장 큰 정적이 되었다.

정치적으로 이승만은 조봉암에 대해서 위협을 느꼈다. 그리고 조봉암을 사상적으로 공산주의자로 몰아붙였다. 그 이유는 조봉암이 모스크바 대학에서 공부하였다는 것을 구실로 삼았다. 결국 조봉암을 북한 간첩과 접선하고 정치자금을 받았다는 명목으로 1959년 사형에 처했다. 그러나 그 후 대법원에서 과거 판결의 번복으로 그의 무죄가 입증되었다. 조봉암은 무죄로 명예가 회복되었다. 조봉암은 단순히 이승만의 정치적으로 라이벌이라는 이유로 사형을 당하고 말았다.

다음으로 제1 야당인 민주당의 거물급 정치인들이 불의의 죽음을 당한 의혹을 제기할 수 있다. 1956년 대통령 선거에서 제1 야당인 민주당 대통령 후보인 신익희 선생은 유세 도중에 뇌일혈로 갑자기 사망하였다. 만일 신익희가 서거하지 않았더라면 이승만은 대통령 선거에서 낙선할 가능성이 매우 컸다.

그 이유는 앞에서 언급한 제3당인 진보당의 조봉암이 이승만에게 근소한 차이로 패하였기 때문이다. 또한 당시 수도권 유권자들의 상당수가 무효표나 기권표를 던졌다. 이것은 신익희 후보에 대한 동정 내지 이승만 정권에 대한 저항을 의미한다. 신익희 후보가 선거를 얼마 앞두고 유세 도중에 왜 갑자기 서거하였는지에 대해서 의문을 제기하지 않을 수 없다. 물론 의학적으로는 뇌일혈이라고는 하지만 하필 그 시점에서 서거한 것은 정치적으로 의혹을 가지지 않을 수 없다.

다음으로 자유당에 맞서서 실시된 3.15 부정선거에서 민주당 대통령 후보였던 조병옥 박사의 죽음이었다. 자유당에 맞설 수 있는 유일한 야당 후보였던 조병옥 박사는 미국 월터리드병원에서 암으로 갑자기 사망하였다. 민주당 후보인 조병옥 박사의 갑작스런 죽음 역시 정치적 의문을 가지지 않을 수 없다. 이처럼 이승만 재임기간동안 정치적으로 라이벌 관계에 있던 인물들이 의문의 죽음을 당하였다.

이승만의 자유당 정권이 붕괴된 원인은 고령으로 인한 민심을 파악하지 못했다. 동시에 주변의 정책집행자들이 이승만에게 왜곡보고를 통해서 이승만의 눈과 귀를 막아버렸다. 이승만은 한국의 정치 및 경제실정에 대해서 전혀 알지 못했다. 가령 자신이 서민들의 경제사정을 알기 위해서 시장에 직접 나가보는 경우 미리 주변에 있는 공무원들이 사람들을 시켜서 서민들이 걱정 없이 잘 산다는 것을 허위로 말하도록 하였다.

이승만은 4.19 학생혁명의 도화선이 된 3.15 부정선거조차도 자신은 모르고 주변의 측근들이 선거를 조작한 사건이었다. 1960년 4.19 혁명 당시 이승만의 나이는 85세의 고령이었다. 당시 85세의 나이는 국민들의 평균수명이 60세도 안 되는 시대였다.

결국 이승만의 국정운영은 안델센의 동화인 벌거벗은 임금님에 비유할 수 있다. 벌거벗은 임금님에게 다가간 한 사기꾼 재봉사는 자신이 만드는 세상에서 가장 멋진 옷은 세상에서 가장 훌륭한 성품과 깨끗한 마음을 가진 사람의 눈에만 보인다고 임금님과 신하들을 속였다.

그리고 그 사기꾼 재봉사는 임금을 벌거벗기고서 세상에서 가장 멋진 옷을 입고 있다고 말했다. 신하들은 벌거벗은 임금에게 가장 멋진 옷이라고 말했다. 결국 임금에게 바른말을 한 사람은 백성들이었다. 백성들은 임금님이 벌거벗고 다닌다고 사실을 말하였다. 이승만 대통령은 결국 벌거벗은 실패한 대통령이 되고 말았다.

요약하면 이승만이 실패한 대통령으로 역사에 기록되는 원인은 그의 장기집권에 있었으며 대통령제에서 가장 중요한 삼권분립의 원칙을 벗어난 행정부 우위의 월권 정치라고 할 수 있다. 몽테스큐의 삼권분립론을 벗어난 이승만의 정권 연장은 독재정치로 이어지면서 국민들은 정부에 양도한 주권을 다시 찾기 위해서 학생들이 중심이 된 혁명이 일어나서 결국 이승만은 하와이에서 망명생활을 하다 죽어서 고국으로 돌아오는 불행한 대통령으로 역사에 기록되고 있다.

2

제2공화국 내각책임제 실패한 장면 총리

1961년 5월 16일에 발생한 군사 정변은 한국 현대사를 바꾸는 가장 획기적인 역사적 사실이라고 할 수 있다. 5.16 군사정변이 정변이냐 쿠데타인가에 대해서 많은 논란이 일고 있으며 확실한 결론을 내리지 못하고 있는 상황에서 일반적으로 사용하는 용어인 정변으로 사용하고자 한다.

5.16이 일어난 원인을 대내적인 요소를 가지고 분석할 수 있다. 대내적인 요소로서는 국내정세의 불안정을 들 수 있다. 1961년 5월 16일에 일어난 군사정변의 가장 큰 원인은 무엇인가? 내적으로는 장면 내각의 불안정에 있었다. 1960년 8월 12일에 시작된 장면 내각은 겨우 9개월 만에 1961년 5.16 군사정변에 의해서 붕괴되고 말았다. 장면 내각이 단명하게 된 원인은 바로 신파와 구파간의 갈등이 가장 큰 원인이라고 할 수 있다. 신파와 구파의 갈등은 1955년 이승만 정권의 야당시절부터 시작되었다. 민주당은 1955년 이승만 정권에서 야당으로 출범하면서 신파와 구파간의 갈등이 시작되었다.

1956년 대통령과 부통령 선거에서 대통령 후보는 구파의 신익희가 부통령 후보는 신파의 장면으로 결정되었다. 그런데 대통령 후보인 구파의 해공 신익희 선생이 심장마비로 유세 도중 갑자기 사망하자 부통령 후보인 신파의 장면에 대한 구파의 지원이 약해졌다. 그 이유는 대통령 당선자인 이승만이 고령으로 사망하는 경우 신파의 장면이 대통령직을 자동 승계하기 때문에 구파에서는 신파의 장면이 당선되는 것을 방해하였다. 그러나 신파의 장면이 부통령으로 당선이 되었다. 또한 1960년 대통령 선거에서 구파인 대통령 후보 조병옥이 사망하자 구파의 김도연은 신파의 부통령 후보인 장면이 이승만 사망 시 승계를 두려워해서 이승만을 지지하는 성명을 낼 정도로 민주당내의 신파와 구파간의 갈등은 매우 심각한 수준이었다.

이러한 민주당 내의 신 구양파벌 간의 갈등은 신파의 장면이 정권을 잡자 명예직에 가까운 형식상의 대통령인 윤보선은 사사건건 시비를 걸어서 장면이 정국을 운영할 수 없도록 방해를 하였다. 특히 윤보선은 공무원과 내각의 장관들의 임명권에 구파의 지분을 강력히 요구하고 동시에 정부정책에 관여하려고 하는 와중에 장면과 윤보선 간의 심각한 갈등을 초래하였다.

구파인 윤보선의 요구에 응해서 장면은 내각의 30퍼센트를 구파 당원으로 충당하여 내각을 구성하였다. 또한 중요한 군의 인사에서 참모총장의 인선을 야전군 사령관으로 박정희와 사적으로 가장 가까운 친구이자 박정희의 군사 정변을 끝까지 막았던 이한림 1군 사령을 임명하려고 하자 구파와 신파의 갈등으로 인해서 이한림의 임명이 좌절되고 말았다.

만일 이한림이 참모총장으로 임명되었더라면 박정희의 군사정변은 실패로 돌아갔을 것이다. 그런데 신파와 구파의 모두가 반대하는 장도영이 임명되었다. 장도영은 군내부에서 문제가 많은 사람으로 이미 낙인이 찍힌 군인으로 되어져 있었다. 그 이유는 장도영은 모든 것이 불분명한 군인으로 소문이 나 있었기 때문이다. 이한림이 거절되자 어부지리로 문제가 있는 사람을 참모총장으로 임명해 버린 것이다. 처음에는 장면도 장도영이 흐리멍텅한 인물이라는 것을 알고서 반대를 하였으나 워낙 윤보선계의 구파들이 밀어붙이는 바람에 고심 끝에 장면도 같은 인동 장씨 종친인 장도영을 임명하는 실수를 저지르고 말았다.

장면 총리는 5.16 군사정변이 일어나기 일주일 전인 5월 9일 군에서 쿠데타가 일어난다는 소문을 국방장관 현석호로부터 보고를 받았다. 장면은 곧 바로 참모총장 장도영을 불러서 그 사실 진위를 확인하고 보고하도록 하였다. 그러면서 장면은 장도영에게 군의 동향을 가장 잘 알고 있어야 할 하급자인 참모총장이 당연히 총리에게 군의 동향을 알려야 할 것이 원칙인데 왜 총리가 먼저 쿠데타설을 참모총장에게 알려야만 하느냐고 호통을 쳤다고 한다.

며칠 후 장도영은 장면에게 쿠데타 설은 헛소문이고 그냥 그 전부터 나오는 군대 내부의 유언비어에 불과합니다.라고 하면서 아무 문제가 없다고 보고를 하였다. 그러나 장도영은 박정희 군사 쿠데타가 일어난다는 것을 정확히는 몰라도 대강은 눈치를 챘지만 그냥 묵인하고 말았다. 5.16이 일어나자 이틀 만에 장도영은 박정희 쪽으로 돌아서서 임시정부인 국가재건최고회의 의장이 되었다. 당시 사회에서 가장 중요한 자리인 참모총장 임명부터 신파와 구파의 갈등으로 인해서 인선을 잘못한 것이 제2공화국을 붕괴시켜 장면 내각을 단명으로 만든 가장 큰 요인이라고 할 수 있다.

그러면 이처럼 장면 내각을 9개월 동안 혼란에 빠뜨린 총리 장면과 대통령 윤보선은 어떤 인물인가? 제2공화국이 의원내각제이기 때문에 가장 중요한 인물은 바로 신파인 장면이다. 다음은 명예직에 가까운 구파인 대통령 윤보선이다. 따라서 장면부터 설명하면 장면은 1899년 인천에서 일제강점기 당시 부산세관장을 지낸 장기빈의 아들로 출생하였다. 그 후 수원농림학교와 미국의 맨하탄 가톨릭대를 졸업하고 천주교 계통의 학교인 서울 동성중고등학교에서 교편을 잡고서 13년 동안 교장으로서 활동을 하였다. 또한 가톨릭 관련 사회활동을 하였다.

해방 후 정계에 투신하여 이승만 정권하에서 주미대사와 국무총리를 역임하였다. 그 후 야당으로 돌아서서 조병옥, 신익희 등과 함께 이승만 반독재투쟁에 앞장섰다. 1955년 민주당에 입당하여 1956년 정부통령 선거에서 당선되었다. 유세 도중 당시 치안국장이며 백두산 호랑이 김종원이 배후에서 사주한 괴한에게 손에 관통상을 입는 테러를 당하였다. 1960년 구파인 조병옥의 러닝메이트로 부통령에 출마하였으나 부정선거로 당선된 이기붕에게 180만 표의 큰 차이로 낙선하였다. 그 후 1960년 4.19 혁명을 거치면서 신파의 대표로서 의원내각제의 국무총리로서 실질적인 정국을 운영하였다. 그러나 정국은 구파인 윤보선 등과 갈등으로 인해 혼란 속에 빠지게 되며 결국 5.16 군사정변으로 인해서 9개월의 단명으로 끝을 맺게 된다.

장면은 정치가이면서 우유부단한 성격의 교육자였다. 독립운동의 경력보다는 교육자로서의 경력이 대부분이었다. 특히 그의 우유부단한 성격으로 인해서 4.19 이후에 나타난 힘의 공백상태로 인해서 정국은 거의 무정부 상태에 빠져 들었다. 따라서 장면은 혼란한 정국을 운영할 카리스마적 리더십이 부족하였다.

그러면 민주당 구파의 대표적 인물인 윤보선은 누구인가? 해위 윤보선은 충남 아산의 파평 윤씨 명문집안에서 태어난다. 얼마후 영국의 에딘버러 대학에 유학하여 졸업하고 해방후 정계에 투신하여 이승만 정권하에서 초대 서울시장을 거쳐 상공부 장관 등을 역임한다.

제3대 민의원에 당선되면서 야당인 민주당에서 구파인 신익희, 조병옥 등과 함께 이승만 독재에 맞서서 반독재 운동을 전개해 나간다. 4.19 혁명 후 제2공화국 대통령에 출마하여 당선되었다. 그러나 얼마후 박정희가 이끄는 군사정권에 밀려서 1962년 3월 대통령직에서 사임하고 1963년 11월 야당후보로서 대통령에 출마하고 다시 1967년 대통령에 출마하였으나 낙선하였다. 박정희 독재에 맞서서 반독재 운동을 하였으나 크게 행동하지 못하였다.

국무총리 장면과 대통령 윤보선과의 갈등은 정치, 경제, 사회, 외교 안보 전반에 걸쳐서 불협화음을 초래하게 만들었다. 또한 여기에 가세해서 4.19 당시 시위에 참가해서 이승만 정권을 무너트린 학생들을 비롯하여 사회의 압력단체들의 기득권 요구와 독재체제를 도운 인사들의 처벌 등을 놓고서 정부와 사회단체 간의 갈등은 더욱더 심화되어졌다.

여기에다 가장 중요한 국민들의 일자리 창출 등을 도외시하여 실업자가 늘어나면서 사회는 혼란 속으로 빠져 들었다. 당시는 데모로 해가 떠서 데모로 해가진다.라는 말이 유행할 정도였다. 남북관계와 한일관계는 기존의 이승만이 추구하던 북진통일의 반공사상과 반일사상과는 달리 평화적 통일과 일본과의 외교관계의 정상화 추진 등 유화적인 제스처를 취하면서 경제적인 성장을 위한 경제플랜도 함께 짜기는 하였다.

이러한 불안정한 정국운영은 결국 5.16 군사정변이 일어나는 도화선이 되고 말았다. 결국 구파와 신파의 대결구도 속의 갈등은 신구파 모든 정치인들이 박정희 군사정권에 의해서 정치 정화법에 묶여서 정치활동이 금지되는 불운의 연속을 초래하고 말았다.

장면 의원내각제 정부의 9개월 단명으로 끝난 원인은 한국의 자유민주주의는 내각책임제를 수용하여 운영할 수 있을 만한 정치발전의 단계에 도달하지 못하였으며 동시에 국민들의 정치에 대한 의식수준이 낮은 결과라고 할 수 있다.

「미국 민주주의」라는 저서로 유명한 알렉시스 토크빌은 한 나라의 정치는 그 나라의 국민들의 정치의식 수준에 달려 있다.라고 말하고 있다. 이 말은 바로 한국은 당시 내각책임제를 운영할 정도로 국민들의 정치의식 수준이 미치지 못하고 있다는 것을 의미한다.

3

박정희 대통령이 실패한 대통령이 된 원인

박정희 대통령은 한국 현대사에서 가장 크게 부각되는 인물이다. 박정희에 대한 업적은 긍정적인 차원에서는 누구나 다 알다시피 한강의 기적을 이루어낸 경제대통령으로 잘 알려져 있다.

그러나 거시적인 면에서 보면 박정희 대통령도 임기 중에 부하에게 암살당하는 불행한 대통령으로 역사에 기록된다.

그 원인은 바로 장기집권으로 인한 권력남용이라고 규정할 수 있다.

1961년부터 1979년까지 약 18년간의 장기집권으로 인해 절대적 권력을 휘두른 박정희 대통령은 결국 부부가 다 총에 맞는 비운의 운명을 겪은 대통령이라고 할 수 있다.

역사학자 액톤경의 말과 같이 절대적 권력은 절대적으로 부패한다는 말을 그대로 적용할 수 있다. 박정희 정권은 전반기와 후반기로 나누어서 보면 결국 후반기에 독재로 인해 정치는 불안정하고 경제는 실패하면서 내부적으로 부하들 간의 절대 권력자에 대한 과잉충성이 정권의 몰락을 초래하였다고 규정할 수 있다.

1972년 출범한 유신정국은 1979년 10월 26일 박정희의 암살로 인해서 붕괴되고 말았다. 유신 정국의 몰락은 18년 6개월간 제3, 4공화국의 시대가 끝이 나게 되었다. 역사학자 존 액톤경의 절대권력은 절대 부패라는 논리가 그대로 적용된 것이다. 박정희 정권의 몰락은 외부세력이 아닌 측근들의 대통령에 대한 과잉 충성으로 인한 권력 갈등이 빚어낸 결과이다. 그러나 이것은 겉으로 들어난 단순한 하나의 사실에 불과하다.

사실이란 그 사실이 발생하도록 만든 대내외적인 요소가 더욱더 중요하다. 이것을 역사학적 관점에서 동기설이라고 하며 현상학적 관점에서 접근하는 것이 바람직하다고 할 수 있다. 현상학이란 어떤 사실에 대해서 그 사실이 밖으로 드러나서 눈에 보이는 측면보다는 눈에 보이지 않는 속면과 이면을 조사하여 그 사실의 실체를 찾아내는 것이 현상학적 접근법이다.

박정희 정권의 갑작스런 붕괴는 몇 가지 요소로 나누어 볼 수 있다. 그 가장 중요한 요소가 권력의 집중으로 인한 권력남용이다.

1961년부터 시작된 박정희 정권은 민정이양 이후 1963년과 1967년 1971년의 삼선을 거치면서 점차적으로 권력을 행정부쪽으로 몰아가기 시작하였다. 그러나 형식상은 어느 정도 입법부와 사법부가 독립된 균형의 원칙인 삼권분립이 되어져 있었다.

그런데 집권 2기의 유신헌법으로 인해서 권력은 1인 통치의 시대로 접어들었다. 박정희가 10월 유신을 단행한 것은 명분상으로는 주변 정세의 변화와 민주주의의 토착화에 명분을 두고 있다. 주변 4강국의 국제정세 변화와 강남의 귤을 강북에 심었더니 탱자가 되더라는 서양식 민주주의인 버터와 치즈가 아닌 토종 된장이 우리 민족의 입맛에 맞듯이 한국식 민주주의의 정착을 명분으로 유신을 단행하기는 했지만 박정희의 장기집권이 목적이었다.

이러한 권력집중화 현상은 결국 처음부터 민주화를 요구하는 재야인사와 정치인, 학생 및 언론인, 종교계 인사들로부터 강한 저항을 받으면서 휘청거리기 시작하였다. 이러한 재야세력과의 충돌에 대해서 강경노선을 택하게 되었다. 이것은 군부정권이 가지고 있는 특징이며 이것을 군의 경직성이라고 부른다.

경직성과 유연성의 차이점은 강철과 연철에 비유된다. 강철은 강하지만 쉽게 부러진다. 반면 연철은 잘 휘지만 부러지지는 않는다. 이것이 독재정부와 민주주의 정부의 차이점이다.

박정희 유신정권은 유신 이후 김대중 납치사건으로 강하게 밀어붙인다. 이것은 결국 대내외적인 민주화 인사의 탄압이라는 이미지가 붙으면서 독재국가의 인권탄압으로 국제적인 비난의 대상이 되었다.

김대중 납치사건은 문세광 사건으로 이어진다. 만일 김대중 사건을 납치가 아닌 다른 방법으로 처리했더라면 문세광 사건은 일어나지 않았다. 문세광 사건으로 인해서 한일관계에 금이 가기 시작하였다.

이러한 사건으로 인해서 유신정국은 곧 이어서 카터의 주한 미군 철수론이 대두된다. 결국 인권유린이 미군 철수요인이다. 이로 인해 카터와의 불화는 한미관계에 금이 가면서 카터 대신 차선책으로 미의회를 겨냥한 로비사건인 박동선의 코리아게이트이다.

사실상 이 사건은 단순한 로비사건으로 그냥 넘어갈 수 있는 사건이다. 그러나 미 언론들이 들고 일어나는 이유는 바로 인권침해 때문이다. 카터의 주한 미군 철수론은 결국 한국의 핵개발이라는 문제로 미국과 더욱더 큰 마찰을 초래하면서 박정희 정국에 강한 심리적인 압박을 주었다.

다음으로 정권붕괴의 중요한 요인으로 정치경제적 차원에서 경제정책의 한계라고 할 수 있다.

1961년 군사정변 이후 1962년부터 시작된 경제개발 5개년 계획은 초기에는 엄청난 효과를 보면서 농업국에서 공업국으로 도약하는데 성공적인 경제정책을 폈다. 경제학자이자 노벨수상자인 로스토우는 60년대 초 한국의 경제를 도약의 단계라고 말했다.

박정희 정권의 초기 경제정책은 바로 엄청난 효과를 가져왔다. 1960년대와 70년대를 통해서 한국은 후진국에서 중진국으로 도약하였다. 박정희 경제정책은 농업국에서 공업국으로 한 단계 도약시켰다.

그러나 1970년대부터 시작된 중화학공업에 대한 무리한 집중 투자는 결국 국가경제를 부실경제로 변화시키면서 70년대 후반에는 많은 기업들이 부도위기에 처하기 시작하였다. 특히 국가의 정책이 초기의 경공업 중심에서 중화학공업으로 변화되면서 60년대의 가발이나 섬유 등의 회사들이 부도나 도산위기에 빠지면서 노동자들이 생계에 위협을 받게 되었다.

국가경제의 부실화는 결국 물가상승률을 초래하여 1979년의 물가상승률은 18.3퍼센트로 엄청나게 뛰어올랐다. 중화학 공업에 중복투자 등으로 인한 경제정책의 실패로 생필품 부족 현상이 나타나는 경제정책의 실패현상이 나타났다.

그런데 일반적인 경제논리는 군사 독재정부와 민주주의의 차이점은 군사독재정부가 주도하는 경제정책은 처음 어느 정도 기간까지는 군사정부에서 추진하는 경제성장이 빠르기는 하다. 그러나 어느 정도 지나고부터는 경제성장이 민주주의 방식의 경제정책에 밀리는 경향으로 나타난다는 경제학적 논리가 지배적이다. 따라서 박정희의 압축경제 정책은 초기에는 산업화에 엄청난 발전을 초래하였다. 그러나 이러한 압축 개발독재 정책은 유신정권 후반기부터 둔화현상이 나타나면서 결국은 엄청난 물가 상승을 초래하게 되었다.

고전 혁명의 해부로 알려진 크레인 브린톤은 혁명의 원인은 국가경제의 위기에서 시작된다.라고 한다. 박정희 정권의 경제정책의 한계가 1970년 후반부터 나타나기 시작하면서 엄청난 물가 상승으로 인해서 국민들의 생활이 힘들어지게 되었다. 동시에 국민들의 불만이 커지기 시작한 것도 박정희 체제의 붕괴 요인이라고 할 수 있다.

다음으로 노동자와 농민들의 민주주의의 요구에 대한 국가의 수용 능력의 한계에 정국의 불안정을 가져올 수 있다. 박정희 정권은 초기에 산업화 정책으로 도시중심의 정책을 추진해 나갔다. 그러다가 도시와 농촌의 균형 발전을 위해서 새마을 운동인 농촌부흥 운동을 추진한 결과 어느 정도는 국가의 균형발전을 이루었다.

그 결과 농촌의 농민들의 의식수준의 향상을 초래하였다. 그러나 농민들은 점차적으로 국가에 대한 요구의 증가로 인해서 농민들의 투쟁 등이 나타나기 시작하면서 노동자와 농민들의 정부에 대한 요구 사건이 일어나면서 이것은 결국 천주교 단체, 농민단체, 노동자단체 등과 연계되어서 인권탄압으로 이어지고 결국 정권퇴진 운동으로 번지면서 박정희 정권의 붕괴를 초래하게 되었다. 함평 고구마 사건과 안동 감자사건은 농민들의 의식 수준이 향상되지 않은 60년대는 상상하기 힘든 사건이었다.

다음으로 노동자들의 체계적인 노동운동이 박정희 정권의 붕괴를 초래하게 되었다.

박정희 정권이 농업국에서 산업국으로 성장시킨 주역은 산업역군인 노동자들이었다. 1960년대 경제개발의 자원은 바로 풍부하고 질좋은 노동력이었다. 만일 이러한 질 좋은 노동력이 없었더라면 한국의 비약적인 경제도약은 불가능하였다.

그러나 정부의 압축경제의 목표로 인한 저렴한 임금정책과 장시간의 노동착취로 인한 노동자들의 불만이 가중되면서 70년대부터 시작된 조직적인 노동조합의 노동운동이 결국 박정희 정권의 붕괴를 초래하게 되었다. 전태일 피복노조 사건으로부터 시작된 동일방직과 반도상사 사태 등에서 나온 노동운동 사건은 1979년 정권붕괴 직전에 나타난 YH 노동자 사건으로 이어지면서 박정희 유신호를 침몰시키는 결정적인 요인이 되었다.

다음으로 관료형 권위주의가 정권의 몰락을 가져왔다. 박정희 정권은 관료들의 천국이었다. 관료들에게 일을 시키고 그들에게 계급을 올려주다 보니 행정체계가 피라미드형에서 역 피라미드형으로 변하면서 높은 자리의 숫자만 늘려나갔다. 이것은 독재형에서 나타나는 관료형으로 많은 사람들에게 표창장을 주고 계급을 올려줌으로 인해서 관료들이 박정희 정권에 충성을 강요하는 관계를 유지하게 되었다. 따라서 이러한 충성도는 위로 올라가면 갈수록 심화되었다.

최고의 권력기관인 청와대와 중앙정보부와의 권력 갈등도 권력 1인자에 대한 충성도를 높이기 위한 암투에서 나온 갈등현상이라고 규정할 수 있다. 이것은 결국 10.26 대통령 암살이라는 최고 권력자의 최측근인 중앙정보부장과 청와대 경호실장 간의 충성도 암투에서 나온 사건이며 이것이 결국은 박정희 정권의 붕괴를 초래한 직접적인 요인이라고 할 수 있다.

이상에서 언급한 것처럼 박정희 대통령의 실패 원인을 한마디로 요약하면 장기집권으로 인한 권력의 사유화와 국가권력의 집중화로 인한 절대적 권력의 절대적 부패로 규정할 수 있다.

4

전두환 대통령의 실패 원인

제5공화국의 대통령인 전두환 전 대통령은 역사적 차원에서 실패한 대통령으로서 역사적으로나 본인으로서 불행한 대통령으로 남아 있다. 그는 아직도 생존해 있으면서 5.18 사상자와 유족들로부터 비난을 받고 있다. 동시에 그가 초기에 질서 확립을 위해 실시한 삼청교육대 역시 많은 비난을 받으면서 전두환은 민주주의 발전을 역행시킨 역사에서 영원히 독재자로 명명되면서 실패한 대통령으로 역사에 기록되고 있다.

A. 12.12 군사 쿠데타

10.26사태 이후 한국의 민주화는 앞당겨질 것이라는 기대감으로 차 있었다. 그런데 10.26 이후 최규하 대통령이 권한대행을 맡아서 10월 27일 새벽 4시를 기해서 비상계엄을 선포하였다. 계엄사령관에 정승화 육군참모총장을 임명하였다. 또한 10.26사태의 합동수사본부

장에 전두환 보안사령관을 임명하였다. 그런데 12월 12일 전두환 보안사령관이 정승화 참모총장을 연행하는 하극상을 일으키는 군사 쿠데타를 감행하여 군부를 장악하였다.

전두환의 12.12 군사 쿠데타로 인해서 한국인들이 그토록 갈망하던 민주주의에 대한 꿈은 물거품이 되고 민주화 운동의 개척자들은 또다시 형극의 길을 걷게 된다.

그러면 왜 이런 현상이 되풀이되면서 민주주의의 꿈은 물거품이 되고 말았는가?

여성 정치철학자 한나 아렌트의 혁명의 사이클이라는 이론을 적용해 볼 수 있다. 아렌트는 "전체주의와 혁명의 사이클"이라는 저서에서 전체주의는 정치, 경제를 비롯하여 군사와 언론까지 모든 것이 일인 통치하에 들어가는 정치제도를 말한다.

한국의 유신정국은 전체주의 체제의 정치유형이라고 할 수 있다. 그 이유는 유신헌법은 입법과 행정과 사법부 위의 초당적인 차원에서 대통령을 올려놓고서 대통령이 국회의원 3분의 1을 지명하고 국민의 대변인인 국회의원의 권한을 대폭 축소하고 대법원 소속의 법관 임명권을 대통령이 임명하였다.

또한 헌법 심사권도 대법원에서 헌법위헌회에서 심사하도록 하면서 입법부와 사법부는 대통령의 시녀로 전락하고 만다. 여기에 더해서 대통령은 간접선거로 국민들은 선거를 할 수 없도록 하는 통치제도였다.

유신헌법 하의 대통령의 권한은 왕정시대의 왕권에 해당할 정도로 막강했다. 루이 14세의 "짐이 국가다" 할 정도의 막강한 권력을 가진 유신통치 기구였다.

실제로 김재규의 말에 의하면 당시 경호실장 차지철은 박정희에게 "각하, 이 나라는 각하의 국가입니다."라는 말을 했다고 한다.

민주주의의 역사란 무엇인가?

존 보딘의 왕권신수설에서 시작된 왕권을 약화시키기 위해서 민주주의는 시작되었다. 요하네스 알투지우스의 계약론에서 시작된 민주주의는 왕권을 약화시키기 위한 국민과 왕의 계약체결이라고 할 수 있다. 결국 국민들은 시민혁명을 통해서 왕을 없애고 대표자의 권력을 약화시켜 국민들이 직접 선출하는 제도로 바꾸었다.

한나 아렌트는 전체주의 정부는 시민혁명을 통해서 붕괴되면서 다시 무정부 상태로 돌아가며 무정부 상태에서 다시 타락된 정부형태인 전체주의로 변화되고 다시 혁명이 일어나는 사이클의 연속이라고 한다.

왜 한나 아렌트는 전체주의는 혁명의 단계를 무정부 상태가 되며 다시 전체주의로 변한다고 하였는가?

전체주의 체제를 넘어뜨리는 힘의 주체에 의해서 정부는 붕괴되었기 때문에 그 힘을 능가할 힘이 생길 때까지 정부는 무정부 상태로 되며 다시 무정부 상태에서 전체주의적 정부가 수립된다.는 논리이다.

박정희 정권을 무너뜨릴 수 있는 힘은 시민혁명 밖에 없었다. 그런데 박정희 정권이 시민혁명이 아닌 자체 내에서의 힘에 의해서 넘어갔기 때문에 그 힘은 자체 내의 힘에 의해서 공백을 메울 수 밖에 없는 것이다. 따라서 시민혁명을 거치기 전에는 주변의 강한 조직에 의해서 새로운 힘이 등장하게 된다는 것이다.

박정희 체제의 전체주의는 결국 정치화되고 조직화된 군부가 정권을 찬탈할 가능성이 크다고 할 수 있다. 전체주의는 모든 기능이 마비된 상태에서 가장 강한 조직력을 가진 집단은 군부이기 때문이다.

그 결과 구 정통파 세력인 정승화 참모총장과 신군부 세력인 전두환 세력이 박정희 전체주의의 갑작스런 붕괴로 인한 힘의 공백을 메우기 위해서 힘겨루기를 하였다. 결국 정승화와 전두환의 싸움에서 전두환이 승리를 한 것이 바로 12.12 군부 쿠데타라고 할 수 있다.

12.12는 박정희 전체주의 체제가 만들어 놓은 직업 정치군인들이 일으킨 군사 반란이라고 할 수 있다. 1961년 군사정변이 일어나면서 시작된 군의 정치개입은 군인들이 정치에 개입하는 일을 당연시 여기게 되었다. 12.12 군사 쿠데타는 일부 정치군인들이 권력욕에 사로잡혀서 일으킨 반란 행위이다.

군은 계급사회이다. 계급에 따라서 철저하게 상사와 부하간에 명령계통에 의해서 움직이기 때문에 상관의 명령에 불복종하는 경우에는 민간 조직보다도 더 강한 처벌이 내려진다. 군의 하극상을 일으킨 사건도 박정희의 5.16 군사정변이라고 할 수 있다. 박정희는 5.16 당시 육군 소장이었다. 당시 군에서는 박정희가 진급이 늦었으며 박정희 보다 더 높은 중장들이 많이 있었다.

후에 전두환이 12.12 쿠데타를 일으키면서 정당화시킨 말이 박정희도 무명의 육군 소장이었다.라는 말을 되풀이하였다. 전두환이

12.12군사 쿠데타를 일으키기 전에 김재규 사건 합동수사본부장을 맡으면서 그가 세상에 처음 알려졌다. 그는 김재규 사건을 이용하여 자신의 존재감을 알리려고 필요 없는 일 가지고 일부러 기자회견을 자주하였다.

이때 이미 전두환은 권력의 공백상태이며 민간인보다는 군부조직이 강하다는 것을 직감하고서 군부 쿠데타를 음모하였다. 군부 내에서 권력 투쟁 장본인인 정승화와 전두환은 누구인가?

정승화 역시 당시 육군참모 총장까지 올라가려면 직업군인이 아닌 정치군인이었다. 정승화는 5.16 군사정변 당시 대령에서 준장을 달고 최고통치비상기구인 국가재건최고회의의 최고위원으로 근무하였다. 이것은 바로 정승화는 정치군인이며 이후 월남전 파병의 심사위원으로 나갈 정도면 정치군인이다.

정승화는 1929년 경북김천 출신이다. 육사 5기생이다. 6.25 동란에서 참전하여 공을 세웠다. 5.16 당시 12사단 부사단장으로 사단장과 함께 군사정변을 지지하였다.

1961년 8월에 준장으로 진급하였다. 방첩부대장을 거쳐서 66년 소장으로 진급하여 국방부 인사국장을 거쳤다. 육군종합행정학교를 창설하여 초대 교장이 되었다. 1973년 중장으로 진급하여 3군단장, 75년에는 육사교장을 지냈다.

육사교장 시절 육사 졸업생 중에서 군에서 5년 근무한 사람을 행정부의 사무관으로 채용하는 제도를 만들었다. 이것을 소위 유신사무관제도라고 한다. 1978년 5월 대장으로 진급하고 1979년 2월에 육군참모 총장이 된다. 그해 10월에 10.26 사태를 겪고 12월 12일 12.12 사태를 겪으면서 군에서 물러난다.

정승화가 군에서 참모총장까지 갈 수 있었던 가장 큰 배경은 역시 박정희와 동향인 경북 출신이기 때문이다. 만일 그가 비 영남권 출신이라면 참모총장 자리까지 올라가지 못했을 것이다.

다음으로 정승화의 경력을 객관적으로 분석하면 정승화는 군인의 탈을 쓴 관료화된 정치군인이다. 정승화는 육군종합행정학교의 창설과 소위 말하는 육사출신의 유신사무관제도를 만들 정도면 그는 정치군인이다. 또한 국가재건최고회의 최고위원과 육군본부 인사국장과 월남파병 심사위원 등을 역임한 경력은 그는 당시 적응력이 뛰어난 군인 정치인이다.

그러면 전두환은 누구인가?

전두환은 1931년 1월생으로 1930년생이라고 할 수 있다. 육사 기수로는 정승화가 5기 전두환은 11기 때문에 차이가 많아 보이지만 사실은 나이 상으로 보면 비슷한 또래이다. 정승화와는 1년 정도의 나이 차이밖에 나지 않는다.

경남 합천출신으로 1951년 대구공고를 졸업하고 1955년 정규 육사를 졸업한다. 1958년 이규동 장군의 딸 이순자와 결혼한다. 1960년 미 육군 보병학교를 졸업하고 1965년 육군대학을 졸업한다.

전두환은 1961년 국가재건최고회의 의장 민원비서관, 1963년 중앙정보부 인사과장, 1969년 육군본부 수석부관 등의 경력이 있다.

1970년 백마부대장으로 월남전에 참전, 1971년 제1 공수특전단장, 1976년 대통령 경호실 차장보, 1978년 1사단장을 역임, 1979년 보안사령관이 되었다.

전두환 역시 그의 군의 경력을 보면 일반 정통 군인이 아닌 정치군인의 길을 걸었다. 이미 초급장교 시절부터 국가재건최고회의를 비롯하여 중앙정보부 등 권력기관과 청와대 경호실 차장보 등의 정치적 요직을 겪은 것을 보면 그는 군인이 아닌 정치군인이다.

전두환이 개인적으로 동료들보다 리더십을 보인 것은 그가 1951년 영남 중심의 동기생인 노태우 등과 하나회의 전신인 5성회를 조직했다는 점이다. 이 5성회는 칠성회로 성장하고 나중에 하나회라는 조직으로 키워서 하나회가 12.12 군사 쿠데타를 일으켜서 성공시키는 결정적인 역할을 한다.

객관적이고 중립적인 관점에서 보면 박정희는 평소 모든 권력을 민간인 아닌 군에게 편중시켰다고 할 수 있다. 박정희 사후에 모든 힘이 군부에 있었다. 따라서 군부에서 누가 쿠데타를 하던 군부의 정치장악으로 인해서 한국은 군정시대가 지속되지 않을 수 없는 상황이었다.

정권을 잡은 군부는 얼마 후 민간인 집단과 힘겨루기를 한다. 이것이 바로 광주 민주화 항쟁이다. 결국 광주 민주화 항쟁은 조직력이 강한 군부에게 패하고 엄청난 유혈사태를 초래한다.

결국 10.26 이후 군부는 형식상의 1인자인 정승화 참모총장과 실질상의 1인자인 전두환 보안사령관의 권력 투쟁이 바로 12.12 군사 쿠데타이다. 결국 실질상의 군부 실력자인 전두환이 형식상의 실력자인 정승화를 제거하고 권력을 잡고서 군사정권을 수립한다.

B. 인권탄압과 철권정치

전두환 대통령이 대통령으로 실패한 원인은 언론통폐합, 정경유착, 인권탄압 등 자유민주주의 원칙을 무시한 철권을 휘두르며 국민위에 군림하는 독재정치를 하였다. 전두환은 박정희 대통령이 집권후반기에 유신헌법을 바탕으로 하는 정치를 모델로 본인도 국민의 직선이 아닌 체육관에서 간접선거를 치르고 대통령의 자리를 차지하였다.

전두환 신군부가 들어서면서 가장 먼저 필요한 조치는 언론을 장악하는 일이었다. 신군부 세력은 광주항쟁이 끝난 직후 1980년 6월 언론을 장악하기 위해서 언론계 정화계획안을 수립하여 11월 언론창달계획을 하였다. 전국 64개 언론사를 신문사 14개와 방송사 3개 및 통신사 1개로 강제 재편했다. 이 과정에서 중앙의 신아일보가 경향신문에 통폐합되었다. 전체적으로 중앙지 1곳, 지방지 8곳, 경제지 2곳, 방송사 27곳, 통신사 7곳 등 총 45곳 언론사가 통폐합되었다.

언론 통폐합 작업은 허문도 대통령 정무비서관, 이광표 문공부 장관, 이상재 보안사 언론대책반장, 김충우 보안사 대공처장 등이 주도하였다.

또한 신군부는 반정부 성향의 언론인 336명을 해직대상자로 분류하여 해당 언론기관에 통보하였다. 또한 그해 10월까지 총 933명의 언론인이 강제 해직되었다.

언론 통폐합은 언론의 자율적 구조개편이라는 미명 아래 정권을 잡은 신군부가 언론 길들이기와 언론을 장악하기 위한 목적에서 취해진 조치였다. 언론기업의 발전과 공공성 강화 및 처우 개선 등을 내세웠지만 근본목적은 언론을 통제하여 정권의 홍보용으로 이용하려는데 근본 목적을 두고 있었다.

C. 장영자 사건

5공이 들어서면서 가장 먼저 터진 정경유착 사건은 장영자 이철희 부부 어음사기 사건이었다. 이들이 벌인 사기행각은 총 7,111억원으로 그중 어음사기 행각은 6,400억 원에 달했다. 이 사기행각은 건국이래 가장 큰 금융사기 행각이었다. 이 사건은 정경유착이라는 점에서 쿠데타로 집권하여 국민들의 불신 속에 있던 전두환 정부를 더욱더 불신감을 심어주었다.

장영자는 누구인가?

장영자는 1944년생으로 전남 목포 출신으로 목포에서 부유한 집안에서 태어났다. 목포에서 큰 인쇄소를 경영하며 목포지구당 위원장을 지낸 차보륜은 그녀의 고모부이다.

또한 김대중의 전 부인인 차용애는 장영자의 외사촌 언니이다. 장영자의 언니인 장성희는 이순자의 삼촌이며 전두환의 처삼촌인 이규광의 부인이다.

장영자는 일찍 서울에 올라와 계성여고를 졸업하고 숙명여대 교육과를 졸업한다. 숙명여대 재학 중 메이퀸으로 뽑히기도 했다. 이후 장영자는 두 번의 결혼에 실패했다. 1982년 당시 남편인 이철희와 재혼하였다. 이철희는 1979년 유정회 국회의원과 중앙정보부 차장을 지냈다.

그리고 1982년 4월 장영자와 이철희는 어음사기로 검찰에 구속된다. 이들은 1981년 2월부터 1982년 4월까지 소유 자본금이 약한 부도위기에 처한 기업들에게 접근하여 대여해주고 어음으로 2배에서 최고 9배까지의 어음을 받았다.

그리고 이 어음을 다시 돌리는 수법으로 수천억대의 돈을 빼돌린다. 이 사고로 총 31명이 재판에 회부되었으며 그중에서 11명이 실형을 선고받았다. 또한 상업은행장과 조흥은행장이 구속되고 공영토건과 일신산업이 부도났다. 장영자 금융사기 사건으로 많은 기업들이 도산되거나 부도위기에 처했다. 정치권에서는 여당의 권정달 사무총장이 경질되고 법무장관이 두 번이나 바뀌었다. 장영자 사건을 계기로 금융실명제가 거론되기 시작하였다.

장영자와 이철희는 각각 징역 15년 형을 선고받고 복역 중 이철희가 먼저 석방되었다. 장영자는 10년을 수감하고 석방되었다. 장영자

사건은 당시 한국사회에 엄청난 파장을 일으키면서 권력형 금융사건으로 간주되었다. 장영자의 배후에는 전두환이 있다는 소문이 나돌았다. 그 이유는 장영자의 언니인 장성애가 전두환의 처인 이순자의 삼촌인 이규동의 처이기 때문이다.

이 사건은 전두환 정권이 초기에 몰고 온 정경유착의 대표적인 사건이다.

D. 국제그룹 해체사건

다음으로 정경유착의 대표적인 사건은 국제그룹 해체사건을 들 수 있다.

1980년대 당시 재계 7위였던 국제그룹이 1985년 2월 21일 해체되었다. 국제그룹의 해체는 당시 한국의 정경유착을 가장 잘 보여주고 있다. 아무리 재벌이라도 정치권에 미움을 받고 한번 찍혀버리면 생존하기 힘들다는 것이다. 이 사건을 계기로 한국의 민주화는 정치민주화 다음단계로 경제민주화 단계로 넘어가게 된다.

국제그룹 양정모 회장은 1949년 부산에서 고무신 공장을 설립하여 기업을 키워 나갔다. 이후 왕자표 신발을 만들어서 1962년 수출실적을 올렸다. 그 후로 신발하면 왕자표라는 말로서 신발업계의 왕위를 고수해 나가면서 국제상사를 비롯하여 많은 기업을 거느렸다. 그 결과 국제상사는 1970-80년대 재계 7위의 기업으로 성장하였다.

1980년대 전두환 정권이 들어서면서 양정모 회장은 전두환 정권에 정치후원금을 비롯하여 모든 면에서 비협조적인 태도를 보였다. 정치권에서 양정모 회장은 눈밖에 나버렸다.

1984년 12월 27일 제일은행은 국제그룹 산하의 무역회사인 국제상사에 대해서 부도처리를 하였다. 그러자 각 은행들은 국제그룹 살리는 계획서를 제출했다. 1985년 2월 7일부터 11일 사이에 정부와 은행들은 국제그룹을 회생시키는데 합의를 보았다. 그런데 전두환은 2월 20일 재무장관에게 국제그룹의 해체를 지시하였다. 2월 21일 국제그룹은 해체되고 말았다.

이것은 정치가 경제 위에서 정경유착의 철저한 관계를 유지한 전두환 정권의 대표적인 사건이다.

E. 일해재단 비리사건

다음으로 일해재단 비리사건도 전두환 정권의 대표적인 정경유착 사건이다.

일해재단의 설립목적은 아웅산에서 순직한 열사들의 명복을 빌고 유자녀들의 장학금 조성과 세계화 시대에 평화통일을 위한 기금을 마련하기 위해서였다. 그러나 사실의 목적은 전두환이 정권 퇴임 후 그곳을 발판으로 정치를 재개할 목적으로 연구소를 설립한 것이다.

일해재단은 전두환의 아호인 일해를 붙여서 일해재단이라고 했다.

처음의 명칭은 88연구소, 평화연구소 등으로 했으나 나중에 일해연구소라는 이름으로 1986년 1월에 성남 판교에 설립되었다.

나중에 5공 청문회에서 일해재단 설립은 전두환이 재벌들에게 강요하여 강제적으로 돈을 뺏어 갔다는 사실이 양정모 국제그룹회장에 의해서 밝혀지면서 5공의 정경유착의 대표적인 비리로 밝혀졌다.

당시 양정모 국제그룹회장, 정주영 현대그룹회장, 김우중 대우그룹회장, 구자경 럭키그룹회장, 최종현 선경그룹회장 등을 이사로 참여시켜 돈을 빼앗아갔다. 돈의 액수를 보면 1984년 185억 5천만 원, 1985년 198억 5천만 원, 1986년 172억 5천만 원, 1987년 42억 등 총 598억 5천만 원에 달했다.

일해재단 비리는 전두환 정권이 재벌들을 상대로 한 정경유착을 보여주는 예로서 정치가 경제 위에서 군림하는 전형적인 독재체제였다. 정치 민주화뿐만 아니라 경제민주화도 필요하다는 것을 일해재단 비리사건은 보여주고 있다. 이 사건으로 인해서 다음정권에서 경제민주화 운동이 일어나기 시작하였다.

5

노태우 대통령의 실패 원인

A. 6공의 5공 단절

노태우의 6공 정부가 들어서면서 가장 먼저 시도한 것이 바로 5공과의 단절이었다. 노태우 정부는 전두환 정부와 다른 뿌리라는 것을 강조하고 나섰다. 노태우는 전두환은 12.12 쿠데타와 광주민주화 항쟁 진압을 발판으로 민주주의 방식이 아닌 간선제 방식으로 대통령에 당선된 비합법적인 정부라고 규정지었다.

그러나 자신은 민주주의 방식을 선언하고 민주주의 방식인 국민들이 직접 뽑은 대통령이라는 점에서 정통성을 주장하였다. 그러기 위해서는 과거 자신이 가담한 12.12 군부 쿠데타의 주역 이미지를 없애기 위해서 전두환 5공과의 단절을 선언하였다.

광주 민주화 항쟁의 유혈진압의 책임도 전두환의 과잉진압이라고 책임을 전가하였다. 또한 새 술은 새 부대에라는 인사정책으로 5공 인사들과는 거리를 두었다. 특히 5공 초기에 실세였던 허화평을 비롯하여 소위 3허와 안기부장 장세동 및 권정달 등도 멀리하였다.

B. 북방외교의 득과 실

노태우 정권이 이루어 놓은 업적과 정치발전은 북방외교를 통해서 남북한의 평화적 통일을 위한 교두보를 마련하려고 시도하였다는 점에 있다. 사실상 1980년대 말은 동구권과 공산권이 몰락하기 직전이었다. 따라서 이 시대에 공산권과 외교관계를 추진한다는 것은 상당히 진보적인 앞선 외교 전략이었다.

노태우는 1988년 7.7 성명을 통해서 북한을 포함한 구소련인 러시아와 동구권 국가들과의 유대관계를 강화하여 수교관계를 유지해 나간다는 외교 전략을 발표하였다. 이것은 1973년 7월 23일 할슈타인독트린을 발표한 당시 서독수상 빌리 브란트의 동방외교에 해당한다. 이것은 동독 등 동유럽 국가와의 외교관계를 연다는 외교 전략이었다. 이러한 브란트 수상의 외교전략은 당시로서는 매우 획기적인 외교전략이었다.

이후 한국은 10년 후인 1983년 7월 23일 국방대학원에서 이범석 당시 외무장관이 연설을 통해서 공산권 국가와의 수교에 대한 연설을 하였다. 노태우는 중국을 포함한 공산권 국가와 소련과의 수교를 통해서 북한을 압박하여 한반도의 평화유지를 통해서 국가가 안전하게 성장을 추진하자는 의미이다.

1989년 2월 1일 한국은 동유럽 국가와 최초로 수교관계를 맺었다. 또한 1990년 6월 4일에는 미국 샌프란시스코에서 노태우 대통령과 당시 소련 수상 고르바초프와 정상회담이 성사되었다. 당시 소련

고르바초프는 페레스트로이카 즉 개방과 개혁정책을 추진해 나가고 있었다.

따라서 우리나라는 소련과 수교를 통해서 경제와 안보 양쪽 모두의 이익을 얻자는 목적이었다. 소련을 통해서 북한에 압박을 가하여 평화를 유지시키며 동시에 시베리아 개발권에 개입하여 경제적 이익을 얻자는 것이 한·러 수교의 근본목적이었다.

또한 중국과의 수교를 통해서 경제적 및 안보적 이익을 추구하자는 것이다. 1989년 천안문 사건이 발생하여 문제가 있었다. 그러나 한중수교는 1992년 8월 24일에 모택동이 공산국가를 수립한 1949년 이래 43년 만에 국교가 수립되었다.

이러한 상황에서 한국 내에서는 1989년 정주영 현대그룹회장이 소 500마리를 몰고서 북한을 방문하였다. 이때를 기하여 문익환 목사를 비롯하여 임수경 외국어대 학생 등이 북한의 평양을 방문하는 등 많은 잡음이 일어나서 남북관계는 잠시 중단되기는 했다. 또한 한국 정부는 1991년 9월 18일에 남북한 유엔 동시 가입을 했다. 1992년 2월 19일에는 남북한 기본합의서가 채택되었으며 비핵화 조약이 채택되었다.

이처럼 노태우 정부의 북방외교정책은 남북한 관계개선을 향상시켰다. 동시에 남북한 평화통일을 염원하는 국민들로부터 환영을 받았다. 이와 때를 같이하여 김대중 평민당 총재는 헝가리를 포함한 동구권 국가들을 순방하였다. 동시에 통일민주당의 김영삼 총재는 소련을 처음으로 방문하여 소련과 경제협력관계를 증진시키는데 크게 공헌하였다.

그러나 노태우의 북방외교는 북한이 남한에 대해서 남북한 한민족 공동체의식을 가지기보다는 남한으로부터 경제적 이익을 얻을 목적이었다. 따라서 북한은 근본적인 남북관계에는 북한이 원래 추구하는 고려연방제에서 벋어나지 못한 상황에서 남한만의 평화적 통일을 추구하는데서 노태우 정부의 북방외교 정책은 한계를 노출시켰다.

노태우 대통령은 직선제 개헌 및 5공과의 단절을 통해 6공이 자유민주주의 국가로 거듭난 정부라는 입장을 천명하고 나서기는 하였지만 노태우 역시 근본은 12.12 쿠데타의 주역이라는 정체성은 벗어날 수가 없었다.

전두환과의 차별화라는 이미지 쇄신보다는 노태우는 비자금 조성을 통한 부정축재 대통령으로서 실패한 대통령으로 남게 되었다.

비록 그가 북방정책 등 몇가지 정책에서는 역사적으로 상당한 성과를 거두기는 하였지만 전반적으로 12.12 쿠데타 주역으로서 감옥살이를 하였으며 동시에 정경유착의 비자금 조성의 비리에 연루되어 실패한 대통령으로 역사에 남게 되었다.

6

김영삼 대통령의 실패 원인

한국 민주화의 대명사로서 김대중 대통령과 함께 한국 민주화 운동사에 획을 그은 김영삼 전 대통령 역시 성공한 대통령이라기 보다는 실패한 대통령으로 역사에 기록된다.

비록 그가 한국 민주화 발전에 획기적이고 긍정적인 영향을 미치기는 했지만 IMF를 일으킨 실패한 대통령으로 역사에 남게 되었다.

A. 금융실명제는 왜 IMF의 주범으로 실패했는가

김영삼 문민정부는 1993년 8월 12일 20시부터 모든 금융거래는 실명으로 한다.라고 공고를 하였다. 대통령 긴급명령을 발동한 것이다. 대통령과 최측근만 알고 있었다. 김영삼은 오랫동안 정치권에 몸담고 있으면서 금융실명제의 필요성을 느끼고 있었다.

금융실명제는 경제민주화의 중요한 요소인 금융거래의 투명성을 바탕으로 하기 때문이다. 이미 장영자 사건이 터진 1982년 4월부터 금융실명제 실시의 필요성이 제기되었다. 그 결과 실명소득자산에 대한 종합소득세제도를 실시하였다. 이것이 1982년의 7.3 조치이다. 당시는 금융실명제를 실시할 전산망과 세무서의 세무능력이 실명제를 실시하기에는 부족하였다.

그러나 노태우 정부가 들어선 1988년 10월 경제의 안정성장과 선진화 추진대책회의에서 또다시 금융실명제가 대두되었다. 당시는 부동산 투기 등에 검은돈이 들어가고 있었다. 또한 뇌물 등에도 비실명제를 활용하였다. 그러나 실명제를 실시하는데 필요한 여러 가지 금융제도법이 마련되어 있지 않았다.

1989년 재무부안에 금융실명제 추진기획단을 설치하였다. 금융실명제 추진기획단은 1991년부터 금융실명제를 추진한다는 계획을 세웠다. 그러나 이번에도 여러 가지 실명제에 대한 보완이 충분하지 못했다.

그러다 김영삼 정부가 들어서면서 금융실명제에 대한 제도적인 보완장치가 부족하면서 대통령 긴급명령으로 금융실명제를 실시하였다. 그런데 예상외로 기존의 약 98퍼센트가 금융실명제 거래가 이루어지고 있었다. 따라서 처음 예상했던 것과는 달리 의외로 많은 사람들이 실명제를 하고 있었다.

박정희 정권부터 산업화의 성공에는 비실명제도 필요하다는 주장을 하는 사람들이 늘어났다.

김영삼 정부의 실명제는 실패를 하였으며 1997년 12월 금융거래실명 및 비밀보장에 관한 긴급재정명령에서 금융실명 및 비밀보장에 관한 법률로 대체되면서 금융실명제 긴급명령은 자취를 감추고 말았다.

전국경제인 연합회인 전경련은 금융실명제로 인해서 외환위기를 가져왔다면서 금융실명제 폐지를 강력하게 주장하였다. 그러나 당시 국제통화기금인 IMF는 금융실명제의 전면 폐지에 대해서 반대를 하였다.

그러면 왜 금융실명제가 성공적인 정착을 하지 못하였는가?

그 이유는 김영삼 정부는 금융실명제에 대한 충분한 사전의 제도적장치가 부족하였다. 이것이 바로 금융실명제가 실패한 가장 큰 이유다. 전두환 정부 장영자 사건 이후 계속해서 제기된 금융실명제가 연기된 이유는 전산망과 국가기관의 충분한 대응 능력이 부족하였기 때문이다.

김영삼 정부는 단지 금융실명제를 정치적인 시각에서만 보았다. 모든 것이 정치인들의 불법적인 정치자금 조성과 불법거래와 뇌물등과 관련시켜서 좁게 보았다. 사실상 정치적인 차원에서 금융실명제 이후 불법정치자금 조성 등이 줄어들었다. 또한 공직자 뇌물수수도 줄어들었다. 공직자 재산등록제를 실시한 것도 바로 금융실명제를 바탕으로 하고 있다.

노태우 불법자금이 바로 금융실명제로 인해서 들통이 난 것이다. 차명으로 모아둔 정치자금이 결국 드러난 것이다. 또한 금융실명제는 부동산 불법거래나 투기 등을 막는데도 효과가 있었다. 그러나 경제적인 차원에서 금융실명제로 인해서 많은 제약을 받았다. 그 결과 한국경제가 위기를 맞게 되었다는 전국경제인 연합회의 말이 일리가 있다.

박정희 정권이 들어서면서 화폐개혁을 단행하였다. 그러나 화폐개혁이 실패를 하였다. 그 원인은 바로 사전에 충분한 검토와 준비와 보완 작업을 하는 과정에서 화폐개혁이 사전에 정보가 누설되는 바람에 실패하였다. 김영삼 정부는 이러한 선행관례를 되풀이 하지 않기 위해서 사전에 충분한 준비가 없이 금융실명제를 실시한 것이 금융실명제가 정착하지 못하고 실패한 가장 큰 원인이라고 할 수 있다. 그러나 김영삼 정부의 금융실명제 실시는 장기적인 안목에서 볼 때 한국 정치 경제 발전에 크게 기여하였다고 할 수 있다.

B. 역사 바로 세우기와 5.16에 대한 재평가

김영삼 대통령이 한국 민주주의의 개척자로서 정치발전에 기여한 사건은 역사 바로 세우기이다. 김영삼 대통령은 중앙청으로 사용하던 조선총독부 건물을 철거하였다. 그리고 경복궁을 재건하였다. 청와대 안가를 철거하였다.

광주항쟁을 광주민주화운동으로 높이 평가하였다. 광주민주화 운동의 정신이 문민정부를 탄생시켰다고 했다. 5.18을 기념일로 제정하고 5.18 묘역을 성역화시켰다.

또한 문민정부의 정신을 임시정부의 정신을 계승한다고 했다. 김영삼은 이승만 정권 시절 처음은 자유당으로 정계에 진출했으나 이승만의 4사5입개헌에 반대하여 여당을 탈당하여 야당으로 이승만

독재에 항거하였다.

이후 전두환, 노태우 전직 대통령을 역사 바로 세우기 명분으로 감옥으로 보내서 역사의 심판을 받도록 했다. 4.19에 대해서는 4.19 의거에서 4.19 학생 혁명으로 한 단계 높였다. 12.12쿠데타에 대해서는 12.12는 당연한 군사반란 쿠데타로 규정하였다. 또한 하나회를 숙청하는 과정에서 군의 명예회복이라는 말을 사용하였다.

여기서 문제가 되는 것은 5.16 군사정변을 김영삼은 어떻게 보는가이다. 김영삼은 5.16을 군사 쿠데타라고 규정하고 있다. 김영삼은 왜 5.16을 군사 쿠데타라고 규정하고 있는가. 여기에 대해서 명확한 설명을 하지 않고 있다. 그러나 지금은 5. 16은 군사 쿠데타가 아닌 군사정변으로 통용되고 있다.

여기서 문제를 제기하는 것은 왜 김영삼 문민정부가 임시정부를 계승하는 정부라고 하는가?

아마 김영삼은 민족주의자인 김구 선생을 비롯하여 당시 임시정부에서 독립운동을 하였던 민족주의 선열들의 정신을 계승하자는 의미에서 임시정부를 계승한다.라는 의미를 내포하고 있다. 이승만과 김구를 보면 이승만은 친미주의자이다. 그러나 김구는 민족주의자이다. 따라서 이승만의 정통 한국정부를 김영삼은 부정하고 있다. 김영삼 문민정부의 정체성을 김구의 민족주의 정신에서 찾고자하는 의미라고 볼 수 있다.

C. 실패한 인사정책 - 등산화 인사정책

김영삼은 오랫동안 야당생활을 하면서 남의 신세를 많이 졌다. 대부분 동양사회에서는 남의 신세를 졌으면 되갚는 것이 예의이다. 그 예로서 동양사회에는 수양산 그늘이 강동 80리라는 말이 있다.

수양산은 중국의 명신 백이와 숙제가 나라가 망한데 대해서 두 임금을 섬길 수 없다면서 수양산에 들어가서 고사리를 캐먹다 굶어죽은 이야기로 유명하다.

조선 초기의 명신 성삼문은 단종을 폐위시키려는 수양대군에 반기를 들면서 수양산 이야기를 하였다. 수양산 그늘이 강동 80리라는 말은 수양산의 경관으로 인해서 주변의 경치가 아름다움을 유지하고 있다는 것이다. 수양산 그늘은 인간사회를 살아가는데 어느 큰 사람의 도움으로 인해서 주변의 많은 사람들이 덕을 본다는 것이다. 주변의 누가 출세를 하면 주변의 친인척들이 많은 도움을 받는다는 말이다.

김영삼은 집권하면서 인사가 만사다.라는 말을 하였다. 그만큼 인사의 중요성을 강조하였다. 사실상 역사적으로 성공한 국가는 인사에서 성공을 하였다. 김영삼 인사 스타일은 혼자서 비밀로 해 버리는 독선적인 인사스타일이다. 주변의 아무리 가까운 측근도 알지 못하도록 비밀로 한다. 그러다보니 인사검증에서 문제가 발생하는 실수를 저질러서 다시 뽑는 사례가 허다하였다.

김영삼은 집권 5년 동안 총 25번의 개각을 단행하였다. 그중에서 총리만 6명에 경제부총리 7명 통일부총리 6명을 배출하였다. 오인환

공보처 장관만 5년간 최장기 장관이며 나머지 거의 다 단명하였다. 장관은 118명의 대량 양산하였다. 장관의 재임은 11.3개월로 1년이 채 안되었다. 이처럼 잦은 경질은 장관들이 업무를 추진해 나가는데 업무파악만 하고 사표를 내야 하기 때문에 국정의 운영에 상당한 차질을 초래하였다.

이러한 잦은 개각은 국정운영의 일관성을 상실하면서 김영삼 정부가 크게 성공하지 못하고 마지막에 IMF 즉 외환위기를 맞은 원인 중의 하나다.

김영삼 인사는 노태우나 전두환의 인사인 군화인사에서 등산화 인사가 특징이다. 오랜 야당생활에서 외곽 조직인 민주산악회 중심으로 한 인사를 등산화 인사라고 부른다. 민주산악회는 나중에 잡음이 생기자 해체시킨다. 그러나 민주산악회는 민주동우회라는 이름으로 다시 탄생된다.

김영삼 인사에 차남 현철이 개입하면서 점차적으로 인사가 망사로 변하게 된다. 가령 김현철과 경복고 동문들이 안기부 요직을 점령하면서 더욱더 인사는 복잡하게 돌아간다. 당시 권력기관인 청와대와 안기부에는 김현철의 경복고 동문들이 포진해 있었다.

그중에서 이석채 청와대 경제수석과 이원종 정무수석은 경복고 출신이다. 안기부의 권영해 안기부장과 함께 김기섭 운영담당 차장과 오정소 제1차장은 안기부 내 실세 3인방이었다. 그중에서 오정소는 경복고 출신이다. 이것을 보면 김현철의 입김이 인사에 얼마나 반영되었는가를 알 수 있다.

민주산악회 역시 정부 주요 인사에 개입하였다. 따라서 김영삼 인사는 등산화 인사라는 말이 있다. 김영삼은 초기에 공정성과 지역안배 및 보수와 진보의 동등한 비율로 등용하려고 했다. 그러나 시간이 지나면서 점차적으로 부산경남 즉 PK 중심의 지역을 선호하였다.

권영해는 경북 출신으로 김영삼 정권이 들어서면서 국방장관에 임명이 되었으나 그해 12월 국방부 무기업자의 사건으로 그해 12월에 사직하고 다음에 12월 1년 만에 다시 안기부장으로 복직하는데 이는 인맥으로 인한 재 등용이라고 볼 수 있다.

김현철의 인사 개입은 기존의 상도동계와 민주산악회와의 갈등을 초래하였다. 또한 이원종 정무수석과 이석채 경제수석 및 박세일 사회복지 수석간의 갈등 역시 인사에 큰 문제를 발생시켰다. 김광일 비서실장 도청을 안기부에서 주도하면서 청와대와 안기부의 갈등의 원인이 되었다.

또한 초기의 외교 안보라인인 한승주 외무장관과 정종욱 외교수석간의 갈등으로 인해 외교 안보라인에 문제가 생긴 것도 이러한 인사문제에서 연유된다. 다음에 설명하는 김영삼 정부의 북한과의 안보정책에 문제가 생긴 것은 바로 인사정책에서 비롯된다고 할 수 있다.

D. 실패한 냉탕 온탕 대북정책

김영삼 정부의 대북정책은 세계적인 경제학자 밀턴 프리드먼이 70년대 미국 경제정책의 실패 원인을 샤워장의 수도꼭지에 비유하고 있다. 샤워장에서 수도꼭지를 냉수와 온수를 쉴 새 없이 번갈아 가면서 냉온수를 트는 바람에 혼동되어서 결국은 경제정책이 실패하고 말았다는 것이다.

김영삼의 대북정책도 샤워장의 온탕과 냉탕의 혼동과 같은 강경과 온건 노선을 걸으면서 일관성을 상실하였다. 문민정부가 들어서면서 초기에는 한민족 공동체 의식을 강조하면서 대북 유화 정책을 추진해 나갔다.

미전향수인 이인모 노인의 북송조치를 취하면서 남북관계 개선에 유화적인 태도를 보였다. 그러나 북한이 3월에 NPT 즉 북핵확산금지조약을 파기하고 탈퇴하자 김영삼 정부는 강경대응 노선을 취하였다.

다음에 북한이 남한 불바다 발언을 하면서 남북한 관계는 강경대응 노선을 걸었다. 그러면서 한편으로는 남북한 정상회담을 추진하였다. 남북한 정상회담이 성사될 무렵 갑자기 김일성이 사망하였다.

또한 북한이 영변에 핵개발 시설을 설치하자 미국 클린턴 행정부는 영변 핵시설을 폭격할 계획을 발표하자 김영삼 정부는 적극적으로 계획을 만류하였다. 남한에서 조문파동을 비롯하여 북 잠수함 강릉침투와 김정일 처조카 이한영 피살 사건 등으로 북한에 대해서 강경노선을 걸으면서 남북관계는 최악의 사태로 번져 나갔다.

결국 김영삼 정부의 대북정책은 실패하고 말았다. 그 원인은 샤워장의 온수와 냉수를 번갈아 가면서 뿌리는 것과 같이 김영삼 정부의 대북정책은 일관성을 상실하고 말았기 때문이다.

E. 노동법 날치기 통과

김영삼 정부의 가장 큰 실책 중의 하나가 노동법 날치기 국회 통과였다. 1996년 12월 26일 여당인 신한국당은 단독으로 노동법을 날치기 통과시켰다.

당시 한국재계는 이미 경제위기인 IMF 사태를 당하기 바로 직전에 있었다. 따라서 많은 기업들이 부도 직전으로서 휘청거리고 있었다. 이에 김영삼 정부는 기업들의 편을 들어서 여당 국회의원들을 동원하여 노동법을 날치기 통과시켰다. 특히 정리해고법과 노동쟁의중 무노동 무임금 법안을 날치기 통과시켰다.

이에 김대중의 국민회의와 민주당 등 야당의원들이 들고 일어나면서 민주 노총 등 전국의 전 노동자들이 시위를 하였다. 노동자들의 시위는 전국적으로 번져서 수십만의 인파가 거리를 메우고 전국의 전 노동자들이 파업에 동참하였다.

경찰은 주동자 20여 명을 연행해서 구속시켰으나 사태는 더욱더 악화되었다. 이에 김영삼 정부는 날치기 노동법안의 무효임을 발표하고 법안을 철회하였다.

이 사건으로 인해서 당시 노총 총연합회 회장이던 권영길이 건설국민승리21이라는 정당을 만들어서 제도권 정치에 입문하는 계기가 되었다. 이 사건으로 인해서 노동자들의 인권에 대한 위상이 높아졌다. 또한 노동자에 대한 배려가 높아지기 시작하면서 한국의 정치발전은 속도를 내게 되었다.

F. YS의 허와 실

군정종식을 기치로 정권을 잡은 김영삼은 그 자신만의 특유의 스타일로 정국을 운영하였다. 첫째 김영삼 정부의 실과 허를 역사적인 관점에서 평가할 수 있다. 김영삼은 민주화를 위해서 평생 몸 바쳤다. 또한 민주화를 위해서 군부와 손을 잡고서 그의 말마따나 호랑이를 잡기 위해서 호랑이 굴로 들어갔다. 그 결과 군정을 종식시켰다.

그리고 군의 핵심인 하나회부터 척결하였다. 또한 역사 바로 세우기 운동에 들어가 12.12 쿠데타를 일으켰던 군부의 핵심 인사들을 감옥에 보냈다.

김영삼 정부는 거시적인 차원에서 역사 바로 세우는 작업에 성공을 거두었다. 사실상 군부 하나회 척결은 김영삼 특유의 승부욕과 노련한 정치 감각에서 이루어진 큰 업적이다. 대부분 정치인들은 정권을 잡은 후에는 이렇게 민감한 문제에 대해서는 관여하기를 꺼린다.

그러나 김영삼은 이 문제를 잘 처리하였다. 국민들로부터 그의 인기도는 치솟았다.

다음으로 대미관계를 비롯한 남북한 관계에서는 일관성을 상실한 정책을 추진하는 바람에 크게 성과를 거두지 못했다. 특히 아쉬운 점은 이인모 노인 송환 후에 나타난 북한의 핵 확산금지조약의 탈퇴로 인해서 남북관계에서 북한에 대한 강경대응문제에서 미국과의 공조문제이다.

미국과의 공조문제는 당시 클린턴 미국 대통령이 북한의 핵시설기지인 북한의 영변기지를 파괴하자는 전략에 대해서 남한에서 미국과 적극적인 공조관계를 유지하면서 초기에 북한이 핵을 개발시키는 것을 차단하도록 하여야만 했다.

이 문제는 김영삼 정부의 대 북한 문제에 있어서 큰 실책이다. 당시 김영삼 정부는 미국과 적극적으로 공조하여 클린턴의 영변 핵시설장을 공격하여 파괴하였더라면 현재 북한은 핵개발이 지금처럼 핵보유국으로 올라서지 못했을 것이다.

물론 미국의 북한 공격과정에서 한반도에까지 전쟁에 휩싸이고 전쟁의 확산우려 등을 고려하여 미국과 북한이 전쟁을 하는 경우 가장 피해가 큰 지역이 바로 남한이라는 사실을 염두에 둔 정책이기는 하다. 그러나 북한 핵시설 파괴로 인한 북한의 핵개발을 조기에 차단하는 강력한 핵억제 정책을 추진하였더라면 하는 아쉬움이 있다.

다음으로 경제정책면에서 보면 금융실명제에서 가장 큰 업적을 이루었다고 할 수 있다. 금융실명제로 인해서 정치인들의 비자금 조성

문제를 비롯하여 정경유착을 금지하고 공직자들의 금품수수 비리 등을 파악할 수 있다.

그러나 금융실명제 문제는 좀 더 논리적이고 치밀하게 계획과 대응방안을 수립한 후에 실시하여야만 했다. 다시 말하면 금융실명제에 대한 세부적이고 구체적인 방안을 마련하지 않고서 갑자기 실시한 금융실명제는 부작용을 일으켜서 전국경제인 연합회는 금융실명제가 위환위기를 초래했다고 평가하고 있다.

5.16 이후 군사정부에서는 화폐개혁을 실시하였다. 화폐개혁을 성공적으로 이루기 위해서 사전에 치밀한 계획이 필요했다. 이 과정에서 화폐개혁에 대한 정보가 사전에 누출되어서 화폐개혁은 성공을 거두지 못했다. 이점을 감안하여 김영삼 정부는 서둘러서 조기에 비밀로 금융실명제를 추진하는 바람에 부작용이 생기게 되었다. 그러나 궁극적으로 금융실명제는 한국의 경제발전을 위해서 김영삼 정부가 이루어 놓은 큰 업적이라고 평가할 수 있다.

다음으로 김영삼 정부의 정책상의 실패에 대해서 평하고자 한다.

김영삼 정부는 IMF 즉 외환위기를 초래하였다. 근본적인 원인은 김영삼 대통령 특유의 스타일인 통계나 과학적인 데이터를 무시하고 단순히 감각과 주먹구구식의 정치스타일에서 비롯된 정책결과라고 평가할 수 있다.

외환위기 사건은 김영삼 정부가 외화를 잘 관리하지 못한 것이 결정적인 원인이다. 물론 주변의 환경이 신자유주의를 비롯하여 동남아 국가들의 연쇄부도와 일본의 엔화와 중국의 위안화의 약세 등의 영향이 있기는 하다.

그러나 김영삼 대통령이 직접 경제수석을 통해서 외환보유고, 경제문제 등에 대해서 직접 챙기고 관리를 하여여만 했다. 여기에 더해서 한국을 세계 초일류국가로 만들기 위해서는 세계화시대에 필요한 것은 국민들의 문화적 경험을 가장 강조하였다. 그 결과 여행의 자유화 정책을 추진한 결과 국민들의 잦은 해외여행으로 인해서 외화보유고가 바닥났기 때문에 외환위기가 발생한 간접적인 요인이라고 할 수 있다.

김영삼 정부의 세계화 정책으로 OECD 가입을 비롯하여 세계 선진국가들과 어깨를 나란히 하기 위한 정책 등은 좋은 정책이다. 그러나 단순히 문화적인 경험을 통한 국민들의 선진화 의식을 목적으로한 여행 자율화 조치 정책 등은 성공적인 정책이 아니라고 할 수 있다.

종합적으로 볼 때 김영삼 문민정부는 1961년 박정희 군사정변 이후 30여 년간 계속된 군부집권주의를 종식하여 첫 문민정부로서 출발하였다는 점에서 큰 의미를 부여할 수 있다. 이제 김영삼 정부는 김영삼 대통령과 영원한 라이벌 관계였던 김대중 국민의 정부 탄생으로 한국 민주주의는 한 단계 더 높은 곳을 향해서 발돋움하게 된다.

7

김대중 대통령이 실패한 원인

A. DJ의 국정철학

권위주의 청산과 신자유주의와 민주주의의 국정철학

김대중 정부는 민주주의 역사의 개척기에 해당하는 마지막 정부라고 할 수 있다. 김대중 국민의 정부는 김대중 대통령이 주역이기 때문에 그의 정치 철학이 국정운영 철학과 연관성을 가지고 있다.

무엇보다도 김대중은 개인적으로 민주화를 위해서 김영삼과 함께 평생 동안 노력한 인물이다. 따라서 그의 국정운영은 민주주의 발전을 바탕으로 하고 있다. 다음으로 그의 철학은 경제발전에 두고 있다. 민주주의와 경제발전이라는 두 마리 토끼를 잡자는 것이 김대중 정부의 국정운영 철학이었다.

가장 큰 시련은 김영삼 정부로부터 떠맡은 IMF 환란의 위기였다. IMF 수습책으로 김대중은 경제개혁을 단행하지 않을 수 없었다. 기업들의 인수합병을 통한 구조조정이 가장 큰 문제였다. 강력한 기업구조 조정을 통해서 기업의 경쟁력을 강화시킨다는 것이다.

구조조정은 IMF가 요구하는 사항이었다. 다시 말하면 IMF는 돈을 빌려주면서 한국경제를 살리기 위해서 한국정부에 간섭을 하게 된다. 따라서 기업구조조정으로 인해서 한국에는 엄청난 사람들이 실직을 하게 된다. 이미 김영삼 정부말기에 터진 외환위기 사태로 많은 기업들이 부도가 나면서 실직자가 늘어났다.

기업들의 연쇄부도와 국민들의 실직으로 인해서 국가는 혼란 속에 빠지기 시작하였다. 여기에 더해서 기업들의 회생을 위해서 기업인수 합병과 기업구조 조정을 실시하였다. 기업인수 합병은 외국기업들이 한국기업을 쉽게 잠식하는 경제 식민지화 현상이 일어나게 된다. 강한 기업이면 외국기업이라도 쉽게 한국기업을 흡수할 수 있도록 IMF에서 요구를 하고 있기 때문이다.

김대중 정부는 강한 개혁 드라이브를 통해서 외환 보유고를 올리기 시작한다. 정부의 정책과 마찬가지로 한국국민들의 우수한 두뇌와 교육열 등이 태국이나 동남아시아 국가들과는 다른 경제적 환경에 있었다. 따라서 김대중 정부의 정책은 곧 효과를 보았다. 결국 IMF 때 빌린 돈 196억 불은 4년 후 2001년에는 모두 갚을 수 있었다. 이것은 김대중 정부의 큰 성과라고 할 수 있다.

민주주의 큰 기둥과 초석은 1987년 6.29 직선제로 끝이 난 상태였다. 따라서 김대중 정부의 민주화 정책은 큰 틀이 아닌 경제적 빈부격차 해소가 가장 큰 민주주의 발전과제로 등장하였다.

김대중 정부는 박정희의 산업화 과정에서 추진한 대기업 중심의 경제정책을 폐지하고 중소기업 중심의 경제정책을 추진하였다. 대기업 중심의 경제정책으로 인해서 생기는 폐단인 정경유착의 고리를 비롯하여 관치행정 관습 등을 타파하기 위해서 중소기업 중심의 경제정책을 추진해 나갔다.

당시 전 세계는 지식과 정보화 시대로 접어들고 있었다. 지식이 가장 큰 자산이라는 시대이며 정보와 교류가 필요한 시대였다. 여기에서 등장한 것이 정보기술 즉 IT 산업의 육성정책이었다.

지식을 가진 사람에게는 IT 산업에 누구나 다 참여할 수 있는 기회를 부여하였다. 따라서 정부는 벤처기업을 창조하도록 유도해 나가면서 벤처기업인들에게 은행을 통해서 대출 받도록 하였다. 이러한 과정에서 많은 중소기업인들이 담보가 부실하면서 대출을 받아서 벤처기업을 하였다. 그중에서 상당한 수의 기업들이 부실기업으로 변해서 대출금을 갚지 못했다. 또한 많은 기업들이 부도가 나서 도산을 하였다.

그러나 거시적인 차원에서 정부의 IT 산업선도는 국가경제 발전에 긍정적인 영향을 미쳤다. 동시에 당시 IMF 위기 상황을 극복하는데 도움을 주었다.

다음으로 김대중 정부는 신자유주의 경제 개념을 도입하여 신자유주의 경제정책을 추진해 나갔다. 신자유주의란 자유주의에서 나온 개념으로 한마디로 말하면 정부의 규제에서 벗어나게 한다는 경제정책을 의미한다. 여기에 대해서 세계의 경제정책을 보면 1929년에 경제공황이 발생한 원인을 자유주의 경제 즉 자유방임주의로 보는 것이다.

아담스미스의 이론을 바탕으로 하는 경제이론이 주류를 이룸으로서 국가는 경제정책에서 가능하면 소극적인 간섭을 하여야만 한다는 이론이다. 경제공황 이전에는 스미스의 국가불간섭의 원칙이 유럽국가 전체를 지배하였다. 그런데 1929년 경제공황이 일어나자 그 원인이 바로 국가의 소극적인 개입이라는 결론을 내렸다.

미국은 당시 영국의 경제학자 케인즈의 이론인 공급사이드의 법칙을 적용하여 경제공황을 타게 하였다. 이후부터 미국의 경제정책은 상당히 오랫동안 케인즈 이론인 국가의 적극적인 개입설이 주도하는 시대를 이루었다. 세계의 경제정책은 정부의 적극적인 간섭으로 추진되었다.

그런데 이러한 경제정책은 1970년 미국의 경기침체 현상과 함께 미국이 패권국에서 밀려나는 위기를 맞이하게 되었다. 이러한 위기를 극복하기 위해서 미국은 자유주의 정책으로 다시 선회하는 정책을 추진해 나갔다. 이것이 바로 레이건 행정부의 레이거노믹스이다. 레이건은 케인즈의 이론에서 밀턴 프리드먼의 자유주의 정책을 도입하여 미국을 최강국으로 만들었다.

밀턴 프리드먼은 샤워장의 수도꼭지 이론을 주장하였다. 즉 미국이 기본으로 삼고 있는 경제정책인 케인즈 이론인 국가의 적극적인 개입정책은 샤워장에서 수도꼭지를 찬물과 더운물을 번갈아 가면서 막 틀어대는 바람에 정책의 혼란을 초래했다는 것이다. 이러한 혼란스러운 정책으로 인해서 미국은 세계경제 패권국에서 밀려났다는 것이다. 80년 미국의 레이건 정부는 강력한 구조조정을 실시하였다.

김대중 정부의 DJ 노믹스의 근본경제정책은 신자유주의 정책이었다. 김대중 정부는 노동의 자유화와 금융시장의 자유화 정책을 기점으로 하고 있다. 또한 정부는 공기업의 민영화를 추진한다는 전략이다. 공기업이 민영화를 통해서 공기업을 정부주도에서 벗어나서 자생력을 키워서 궁극적으로는 경쟁력 강화에 주력을 두자는 논리이다.

또한 기업 간의 경쟁력을 통해서 기업들의 자생력을 키우자는 논리이다. 따라서 기업들의 구조조정을 항상 언제든지 단행할 수 있도록 하였다. 여기서 과거에는 정년이 보장된 기업들의 직원들은 항상 퇴출을 당할 위험을 안게 되었다.

동시에 노동시장의 자유화로 인해서 기업들이 인력을 보충하기 위해서 정규직과 비정규직을 마음대로 채용할 수 있도록 하였다. 자유주의의 실행은 비정규직을 대량 양산하는 결과를 초래하였다. 이러한 비정규직들의 채용증가는 기업 쪽에서는 임금감소라는 현상으로 연결되었다. 정규직 1명을 고용할 비용으로 비정규직 2명으로 고용할 수 있기 때문이다.

노동시장의 자유화는 궁극적으로 사회의 양극화 현상으로 이어지게 되었다. 비정규직의 임금이 정규직의 절반에 불과하고 또한 신분이 불안정한 상태는 결국 사회의 불안정을 초래하게 된다. 또한 직장내에서도 비정규직과 정규직의 갈등현상이 나타나는 조직운영에도 문제가 발생하였다.

이러한 신자유주의의 기본 원칙인 노동시장의 자유화는 궁극적으로 김대중 자신이 평생 추구해온 민주주의에 위배되는 정신에 해당된다. 그 이유는 비정규직 양산과 상시 구조조정은 노동자들의 인권을 침해하는 정책이라고 할 수 있다. 이것은 박정희 산업화 과정에서 발생한 노동자들의 근로시간 연장 등으로 인한 노동착취의 인권침해에 해당된다.

B. IMF 위기 극복 성공

김대중 국민의 정부의 가장 큰 부담은 김영삼 정부로부터 물려받은 외환위기 때 빌린 구제금융 196억 달러였다. IMF로부터 구제금융을 받고서 위기로부터 우선은 탈출하였다. 그런데 IMF의 강한 요구로 인해서 국정운영에 차질을 빚었다. 따라서 IMF의 구제금융에서 벗어나는 정책을 추진해 나갔다.

김대중 정부는 금융, 기업, 노동, 공공부문에서 대대적인 개혁 작업을 착수하였다. 대기업들의 기업운영 투명성과 구조조정을 추구했다. 노동시장의 유연성을 위해서 노사정 협의를 통해서 근로기준법을 재정하여 정리해고제와 근로자 파견제를 도입하였다.

또한 수출증대를 위해서 외국인 투자자들에게 유리한 규제완화 조치 등 다각적인 시각에서 수출증대 방안과 정책을 추진해 나갔다. 국책사업의 민영화와 공공기업의 생산증진을 위해서 경쟁력을 강화시켜 나갔다. 이러한 김대중 정부의 성공적인 경제정책으로 예상 보다 3년 먼저 2001년 8월 IMF에서 빌린 돈 전액을 상환하였다. 또한 경제성장에 불리한 규제를 완화시켰다.

그 결과 금융 및 외환시장의 안정화를 추구하였다. 경제수지는 흑자로 돌아섰고 외국인 투자자들이 몰려들면서 금리도 한 자릿수로 안정세를 보였다. 실물경제 회복도 마이너스에서 플러스로 돌아섰다. 1997년 신용등급이 투자부적격에서 1999년 투자적격국가로 등급이 상향조정되었다.

이러한 신용회복 덕분에 외국인 투자들이 크게 몰려들면서 국가의 경제는 급성장세를 보였다. 역대 정권 최초로 종합하여 무역수지흑자와 경상수지 흑자를 기록하였다. 경상수지 흑자는 5년 연속 906억 달러로 연평균 181억 달러를 상회하였다.

정부의 공적자금 64조를 투입하여 부실기업과 부실금융을 퇴출시켰다. 또한 재벌의 독과점 견제와 재무구조 건전성과 순환출자 및 상호지급보증 해소 등으로 경제 질서를 확립하였다.

그 결과 2001년 8월에는 IMF에서 빌린 돈 195억 달러 전액을 상환하는 성공적인 경제운영을 하였다.

C. DJ의 경제정책에서 실패한 것들 - 부동산 거품, 신용카드 남발, 지나친 정보기술 산업, 사회 양극화 현상

김대중 정부는 외환위기 조기탈퇴라는 경제적 성공을 보여주었다. 특히 김대중 대통령은 국회에서 경제 통으로 이름을 날렸기 때문에 경제적으로 국가의 경제성장에 크게 기여를 하였다. 특히 그가 항상 자랑스럽게 여기는 그의 저서인 "대중 경제론"은 하버드 대학에서 출간될 정도로 김대중은 경제 이론에 매우 밝았다.

사실상 김영삼 정부로부터 떠맡은 IMF 위기는 김대중 정부에게 엄청난 부담을 안겨주었다. 그러나 김대중은 2001년 8월 IMF 전액을 상환하였다. 따라서 김대중 정부의 경제정책은 이것으로도 성공하였다고 할 수 있다. 그러나 반면 김대중의 지나친 경제정책의 자신감으로 인해 몇 개의 분야에서는 실패하였다. 김대중 정부가 실패한 경제정책들을 열거하면 다음과 같다.

1) 부동산 거품

우선 김대중 정부의 경제 실패는 부동산 거품을 들 수 있다. 김대중 정부는 외환위기를 극복하기 위해서 침체된 부동산 시장 활성화 방안으로 분양가 전면 자율화, 부동산 전매허용, 양도세 한시적 면제, 민영아파트 재당첨 기간폐지와 임대사업 요건 완화 등의 부동산 활성화를 통해서 외환위기 및 경제를 활성화시키고자 하였다.

그러나 문제는 부동산이 투기로 변하면서 사회를 혼란 속으로 몰아넣었다. 대부분 돈을 모은 사람들은 부동산 투기로 돈을 모았기 때문이다. 결국 성실하게 살려는 사람들도 투기를 하지 않으면 돈을 모을 수 없는 세상으로 변했다.

1980년대 노태우 정부부터 시작된 강력한 부동산 투기 억제 대책은 김영삼 정부에 들어서면서 1990년대 중반까지 지가 상승률이 마이너스를 기록할 정도로 안정세를 유지하였다.

김영삼 정부에서의 부동산 정책은 마지막에 터진 IMF로 인해서 규제완화 정책으로 변화를 급선회하기 시작하였다. IMF이후에 바로 들어선 김대중 정부는 IMF 위기 극복을 위해서 1998년부터 IMF가 끝나는 2001년까지 부동산 경기 활성화 정책을 추구해 나갔다.

그 일환으로 토지규제 완화, 토지 공개념 폐지, 양도소득세 인하, 분양권 자율화, 전매제한 폐지 등 부동산 시장 활성화로 시장은 달아올랐다. 결국 많은 투기꾼들이 몰려들기 시작하였다. 투기꾼들이 부동산 시장 거품을 조장하였다. 정부는 투기 억제 정책을 다시 시작하였다. 결국 김대중 정부의 부동산 정책은 투기 억제와 경기 활성화라는 정책 사이에서 방황하기 시작하였다.

이 과정에서 양도소득세와 보유세를 비롯하여 세금제도와 분양가 자율화, 전매제한, 재건축 규제는 강화와 완화를 번갈아 가면서 반복되었다. 결국 김대중 정부의 부동산 정책이 일관성을 잃어버리면서 시장의 신뢰성도 상실하였다. 동시에 투명성 약화 현상이 나타났다. 결국 부동산은 거품이 되고 말았다.

2) 신용카드 남발

김대중 정부가 일으킨 실패한 경제정책은 신용카드 남발을 들 수 있다. 김대중 정부는 내수 경기 회복을 위해서 국민들이 호주머니를 풀도록 하는 정책의 일환으로 신용카드를 남발하였다. 외상으로 물건을 사고 음식을 먹으라는 말이며 돈은 나중에 갚으라는 말이다. 외상술은 공짜며 외상으로는 소도 잡아먹는다.라는 말이 있다.

국민들은 카드를 사용하여 결국 가계 빚이 엄청나게 불어나고 말았으며 카드빚으로 인해서 파탄된 집들이 무수하였다. 동시에 카드빚을 갚지 못해서 자살하는 사람들도 늘어났다. 이러한 카드남발은 갚을 능력을 보지 않고서 무조건 아무에게나 카드를 발급한 것이 주원인이었다.

카드사들은 회원확보를 위해서 무한 경쟁에 들어갔다. 이 과정에서 회원들의 신용도를 알아보지 않고서 무조건 카드부터 발급시켰다.

당시 카드사들은 회원 확보 경쟁을 위해서 전철이나 가정집을 가가호호 방문하였다. 가뜩이나 나라가 IMF의 외환위기 사태로 사회 전체가 혼란 속에 빠진 상태에 있었다. 카드를 사용하는 사람들은 대부분 실업자들이었다. 그들은 카드사의 무분별한 카드남발로 인해서 여러 개의 카드를 소유하고 있었다.

카드 돌려막기가 시작되었다. 그런데 이로 인한 카드 돌려막기에는 한계가 있었다. 결국 한 카드를 막지 못하면서 터진 카드의 연쇄부도는 결국 사회 전체의 혼란을 초래하게 되었다. 개인적으로 누구나 다 카드빚이 산적해 나가기 시작하였다. 카드빚을 받기 위해서 회사들은 고객에게 강압적인 방법을 사용하였다. 심지어는 조폭까지 동원하여 고객의 빚을 받아내기 위해서 고객을 압박하기 시작하였다. 결국 많은 실직자들이 가정 파탄을 가져왔다. 건전한 직장인들 역시 우선 먹고 보자는 식으로 카드를 남발하여 사용하다 결국은 파탄하고 직장에 나오는 월급까지 압류당하는 불운을 맞았다.

직장인이나 사업자나 실업자나 카드빚 때문에 궁지에 내몰린 고객들은 자살을 비롯하여 극단적인 행동을 취하게 되었다. 또한 이혼과 경우에 따라서는 빚을 갚기 위해서 절도와 강도 등 범죄행위를 하였다. 사회는 점차적으로 혼란 속에 빠졌다. 바로 김대중 정부가 IMF 극복을 위해서 내수 활성화 정책인 카드남발 정책은 실패하고 말았다.

3) 지나친 정보기술 산업

김대중 정부시대에 실패한 정책은 지나친 정보기술산업육성정책이었다. 당시 세계정세는 빌 게이츠와 스티브 잡스가 컴퓨터 혁명으로 인해서 세계가 술렁거리고 있었다. 빌 게이츠나 스티브 잡스가 20세기를 바꾼 세계 영웅으로 등장하였다.

세계의 젊은이들은 빌 게이츠와 같은 부자가 되기를 희망하였다. 소위 벤처 기업가를 꿈꾸었다. 벤처기업이란 자본금 없이 아이디어만 가지고 사업을 벌여서 하루아침에 일확천금을 벌어들인다는 것이다.

이러한 벤처 기업가의 꿈은 미국 개척기에 캘리포니아에서 금광이 발견되면서 많은 사람들이 일확천금을 얻기 위해서 캘리포니아 금광으로 몰린 것과 같은 현상이었다. 미국의 캘리포니아 스탠포드 대학에는 실리콘밸리라는 벤처기업 육성단지가 조성되었다. 미국의 백만장자를 꿈꾸는 젊은이들은 실리콘밸리로 몰려들었다.

한국은 60년대 후반과 70년대 수출업을 하는 젊은이들이 하루아침에 부자가 되었다는 소문으로 당시 젊은이들은 너도 나도 수출업자가 되기를 희망하였다. 그 대표적으로 성공한 케이스가 대우그룹의 김우중 회장과 당시 율산 실업의 신선호 회장을 들 수 있다. 당시 한국 정부는 수출에 매진하고 있었다. 내수시장이 약하기 때문에 대외 무역에 정부가 사활을 건 시대였다.

율산실업의 신선호 회장은 사우디 왕자와 친하게 되면서 중동과 무역을 통해서 일약 거부가 되었다는 소문이 돌았다. 대우실업의 김우중 회장은 한성실업이라는 보따리 영세 무역장사꾼에서 세계 굴지의 대우그룹을 육성하였다는 소문이 당시 젊은이들 사이에 영웅대접을 받았다. 당시 젊은이들은 너나 할 것 없이 모두 무역회사로 몰려들었다. 그 이면에는 한국 박정희 정부가 부추기는 역할을 하였다.

김대중 정부 역시 젊은이들이 벤처기업을 하도록 부추겼다. 당시는 신지식인이라는 이름으로 이들을 내세웠다. 그 대표적인 케이스가 공룡이라는 영화를 만든 심형래를 들 수 있다. 당시는 한국에 신지식인이라는 말이 유행하기 시작하였다. 심형래는 당시 젊은이들 사이에 영웅으로 등장하였다. 그것은 정부의 신지식인에 대한 선전을 하고 있었기 때문이다.

당시 벤처기업 육성에 대해서 김대중 정부가 도와준 이유는 세계의 추세도 있었다. 동시에 신자유주의의 물결도 있었다. 그보다도 김대중 정부는 과거 박정희 정부가 주도한 대기업 육성정책으로 인한 정경유착의 고리를 단절하기 위해서 중소기업 육성 방안으로 벤처기업 정책을 추구해 나간 것과 맞물려 있었다.

그런데 문제는 벤처기업을 시작한 젊은이들이 과연 얼마나 성공을 하는가가 문제였다.

사실은 벤처기업이라는 말은 모험기업이란 말이다. 벤처란 어드벤처 즉 모험이라는 말에서 유래되었다. 미국을 비롯한 당시 많은 서구 선진국가들의 젊은이들은 벤처기업에 도전하였다. 태평양의 질풍노도에서 살아남는 벤처기업들은 극소수 기업들이었다. 만약 살아남는다면 그들은 백만장자가 된다. 그들은 살아남기 위해서 피나는 노력을 하지만 살아남을 가능성은 5퍼센트도 채 안 된다.

김대중 정부는 당시 세계화 추세에 맞추어서 정보기술 산업에 주력하였다. 외환위기로 인해서 대기업에는 강력한 구조조정을 추진해 나가면서 동시에 중소기업인 벤처산업 육성화에 주력을 두었다. 벤처산업의 창업을 도와주고 벤처창업의 요건을 완화하였다.

또한 벤처 창업 자금 요건을 2천만 원으로 낮추었다. 지방 지역에 벤처기업 단지를 조성하였다. 또한 기술만 보유하고 있는 벤처기업인들에게 3억 원씩 지원하였다. 정부는 벤처사업 자금으로 9천억 원의 자금을 풀었다.

이처럼 정부의 벤처기업 육성화 전략은 박정희 정부시대 이래로 추구해온 대기업 육성과 대기업 중심의 기업에서 중소기업 중심의 국가전략 방안을 추구해 나가기 위해서였다. 그 결과 1998년에 2천 개에 불과하던 벤처기업이 2001년에는 만 개가 넘었다.

중소기업 매출 실적도 1998년 76조에서 2001년에는 189조로 급속도로 증가하였다. 국내총생산의 14.9퍼센트를 중소기업이 차지하였다. 또한 벤처기업을 무분별하게 창업하여 실패하는 창업주가 속출하면서 사회적으로 큰 혼란을 가져왔다. 동시에 국가의 벤처기업 육성화 정책으로 인해서 정치인들과 로비스트들이 개입하여 부정부패가 속출하는 사례가 많이 생겨나게 되었다. 당시 젊은이들은 벤처사업으로 일확천금을 노리고 아무런 계획도 없이 벤처산업에 뛰어드는 바람에 실패하는 수가 허다하였다.

김대중 정부의 벤처기업 육성 방안에 대해서 경제적 차원에서 민주화와 관련하여 사고할 수 있다.

김대중 정부의 벤처 육성정책은 박정희 권위주의에서 시작된 중화학 공업과 비교해 볼 수 있다. 박정희 권위주의는 정부 주도하의 일방적인 경제정책이었다. 정부의 관치금융정책을 바탕으로 한 시장경제 정책에서 나온 것이 중화학공업 육성책이었다. 김대중 정부는 정치적으로 민주화가 이루어진 이후에 시행된 민주주의 시장경제하에서 시행된 벤처 육성정책이었다. 그럼에도 불구하고 정부가 적극적으로 개입하여 벤처 육성정책을 추진해 나갔다. 이러한 관점에서 보면 박정희 권위주의 시대와 다른 점이 없다고 할 수 있다.

벤처기업 육성정책은 IMF 위기 극복을 위한 갑작스러운 정책이라고 할 수 있다. 김대중 정부는 위기극복과 함께 세계화에 부합하는 자유주의 정책과 정치적으로 박정희 권위주의 탈피라는 목적으로 시작되었다. 그러나 결과는 정부의 개입 없이는 국가산업이 목표를 달성할 수 없다는 것을 보여 주었다. 이것은 단순히 벤처 육성정책에만 국한된 것이 아니라 국가전반에 걸친 경제정책이 아직까지 정부의 개입 없이는 불가능하다는 것을 보여 주었다.

금융정책과 함께 모든 문제에 있어서 정부가 적극적으로 나서서 규제를 강화시키고 규제를 완화하는 틀에서 벗어나지 못하고 있다는 것을 보여주었다. 따라서 김대중 정부는 정치민주화에서는 어느 정도 완성단계에 이르기는 하였다. 그러나 경제민주화는 정치민주화에 미치지 못하고 있다는 것을 보여 주었다. 또한 정부가 민간차원이 아닌 정부차원에서 언제든지 적극적으로 개입하여 독점 조작할 수 있는 힘이 있다는 것을 보여 주고 있다.

4) 사회 양극화 현상

다음으로 김대중 정부의 경제정책은 사회의 양극화 현상을 초래하게 만들었다. 김대중 정부는 자유시장 경제 정책을 목표로 출발하였다. 자유주의란 바로 정부의 불간섭 원칙이다. 정부의 불개입은 박정희 정권의 정경유착과 관치금융을 해소하기 위한 경제민주주의 방안이었다. 대기업에 대해서 박정희 정부는 금융기관이 모두 정부에서 통제를 하는 금융관치주의를 주도해 나갔다. 결국 대기업은 정부가 주도해 나가는 결과를 초래하게 되었다. 그 이유는 대기업은 은행과 결탁하여 돈을 빌려야만 하며 은행은 정부가 주도하기 때문이다. 결국 대기업도 간접적으로 정부의 통제를 받는다는 결론이다.

김대중 정부는 관치금융과 정경유착을 벗어나기 위해서 신자유주의 경제정책을 추구해 나가려고 했다. 그러나 외환위기 극복을 위해서 투명한 기업들의 재무구조와 경쟁력 강화를 위해서 강력한 구조조정을 정부주도하에 실시하지 않을 수 없었다. 그 결과 외환위기로부터 조기 탈출은 할 수 있었다.

반면 정부의 강력한 기업 구조조정은 실업자를 대량 양산하였다. 또한 노동의 유동성을 만든 결과 기업들이 임금을 줄이기 위해서 비정규직을 고용한 결과 비정규직이 대량 양산되었다. 또한 정년에 대해서도 항상 명퇴를 시킬 수 있는 근로기준법을 제정한 결과 사회적으로 조기 명퇴자가 늘어나면서 사회는 양극화 현상이 심화되었다. 그 결과 사회적 갈등을 초래하는 정부 경제정책의 실패 현상을 가져왔다.

외환위기 직전인 1997년 18만 명에 불과한 비정규직이 외환위기 직후인 1999년 96만 명으로 대량 양산되었다. 그 이유는 바로 노사정 합의에 의한 고용시장의 자율화에 기인하고 있다.

사실상 IMF 위기 이전에는 기업에서 비정규직이라는 말이 없었다. IMF 이후에 기업들은 인건비를 감축하는 방안으로 비정규직을 채용하면서 기업 내에서 정규직과 비정규직의 갈등현상이 나타났다. 사회적으로 비정규직은 언제든지 해고당할 수 있다는 신분상의 불안을 비롯하여 동시에 경제적 수입의 불안정으로 인해 사회는 양극화 현상이 심하게 나타났다. 또한 저소득층이 중산층으로 상승하기가 더욱더 힘들게 되었다.

중산층 역시 순식간에 하위층으로 몰락하는 위기를 항상 가지고 있었다. 가장 근본적인 원인은 바로 IMF였다. 양극화의 진짜 주범은 IMF 즉 외환위기를 만든 김영삼 정부이다. 그리고 IMF 즉 국제통화기금이 한국에 돈을 빌려주고서 악덕 유통업자 노릇을 하기 시작하였다.

한국에 돈을 빌려준 대가로 기업의 경쟁력 강화를 목적으로 약한 기업부터 인수합병하도록 하였다. 이 과정에서 대량 해고가 시작되면서 엄청난 실업자가 발생하였다. 동시에 기업이 언제든지 노동자들을 해고할 수 있도록 강요한 것이 국제통화기금이었다. 정부는 국제통화기금이 겁이 나서 말을 듣지 않을 수 없었다. 따라서 김대중 정부가 양극화 현상의 주범이기는 하지만 진짜 주범은 김영삼 정부라고 할 수 있다.

김대중 정부가 추진한 사회복지 정책은 박정희 정권에서 시도한 선 성장의 정책과는 차이가 있다. 당시 박정희 정권의 복지 모델은 일본의 모델을 답습하였다. 사실상 아시아에서는 일본이 가장 선진화된 복지 모델이었다. 김대중 정부의 복지 모델은 서구식 복지모델을 도입하였다. 특히 민주주의와 시장경제를 바탕으로 하는 복지모델을 창출하여 도입하려고 노력하였다.

복지하면 대부분 공산주의식 사고를 연상시킨다. 그러나 인간사회가 생기면서 가장 중요한 것이 복지였다. 유럽의 역사도 근대 복지모델부터 민주주의가 질을 바탕으로 하는 민주주의의 역사로 한 단계 도약하게 되었다.

김대중 정부의 모델은 기초생활보호 등 개인의 보호와 국민연금과 건강보험 등 사회보호의 양쪽 다 비중을 둔 사회보장 정책을 추진해 나갔다. 따라서 서구사회의 모델을 바탕으로 한 모델이라고 할 수 있다. 또한 5인 이하 사업장에서도 국민연금과 건강보험가입 등을 시도하였다. 그러나 여러 가지 사정으로 인해서 완전한 국민연금 가입이 실시되지 못했다. 그러나 김대중 정부에서 추진한 사회보장 제도인 "요람에서 무덤"까지라는 서구의 복지제도를 도입하려는 시도는 후에 나타난 정부들에게 민주주의의 발전을 위해서 국민의 복지가 우선적으로 중요하다는 것을 알려주는 중요한 계기가 되었다.

D. DJ의 대북정책 - 성공한 햇볕정책

김대중 정부의 대북 정책은 가장 성공한 대북 정책의 모델로 여겨지고 있다. 김대중 대통령은 70년 대통령 후보 유세 중에 평화통일론을 내세웠다. 당시 김대중의 평화통일론은 너무 시대를 앞서간 통일론이라 북한 적색분자라는 의심을 받았다. 그러나 1997년 대통령에 당선되고 바로 자신이 구상한 평화 공존, 평화 교류, 평화통일이라는 삼 단계 통일론으로 통일 전략을 추구해 나갔다.

김대중 정부는 북한에 대해서 선 평화 후 통일론을 주장하면서 북한에 대해서 화해와 협력으로 북한과 평화적 통일을 이루겠다는 전략이다. 이는 후에 북한에 대해서 햇볕정책이라고 불렀다. 햇볕정책이란 이솝우화에 나오는 이야기로 겨울 외투를 벗기는 것은 강한 찬바람이 아니라 바로 햇볕이라는 말을 인용하여 햇볕정책이라고 하였다.

남북한 통일은 강한 대치적인 대북 정책이 아니라 바로 대화와 협력을 통한 포용정책이라는 주장이다. 대북 정책은 당시 민주당의 클린턴 행정부의 전략이 바로 평화적인 포용정책으로 김대중 대통령이 미국의 대북 정책을 받아들였다고 할 수 있다. 그러나 문제는 김대중 정부의 포용정책은 북한이 도발한 제1연평 해전과 제2연평 해전으로 인해 북한의 무력도발을 막지 못하면서 실효성을 상실했다는 비난을 면치 못하였다.

또한 현대그룹의 정주영 명예회장이 북한의 금강산 개발과 대북사업을 따내기 위해서 북한에 4억 5천만 달러를 송금하고 동시에 남북정상회담을 위한 자금이 그 속에 포함된 사실이 밝혀지면서 김대중의 대북 정책은 빛을 잃었다. 그러나 대북정책을 통해서 남북정상회담과 개성공단 설립 등의 효과는 있었다고 할 수 있다.

김대중 정부는 포용정책을 통해서 김정일과의 정상회담을 통해서 남북한 평화공존 체제를 구축하는 계기를 마련하였다. 문제는 남북정상회담의 목적을 달성하기 위해서 현대그룹이 약 5억 달러에 가까운 천문학적인 돈을 지불하였다는 것은 문제가 있다. 북한에 송금한 돈은 불법송금으로서 당시 송금을 주도한 인물은 김대중 최측근인 임동원과 박지원이었다. 이들은 모두 불법송금 문제로 구속되었다.

금강산 개발 등 7대 사업에 엄청난 돈을 투자한 현대그룹은 그 후 그 대가를 받지 못하면서 기업은 몰락의 길로 들어섰다. 또 한 가지 비난은 북한에 남북한 정상회담을 목적으로 지불한 돈의 사용처가 북한으로서는 불분명하다. 어려운 북한 동포들을 위해서 사용한 것인지 아니면 북한이 당시 추진 중에 있던 북한 핵무기 개발에 사용하였는지가 분명하지 못하면서 김대중 정부의 대북 정책은 비난을 받았다.

그러나 김영삼 정부의 냉탕과 온탕을 오가는 대북 정책과 강경대치국면의 기존 정권과는 달리 남북정상회담을 통해서 남북이 평화공존 체제를 유지해 나갈 수 있는 분위기를 만들었다는 것만으로도 김대중 정부의 포용정책은 성공했다고 할 수 있다.

E. DJ의 절충주의식 곡예외교 방식

김대중 정부의 대미관계는 빌 클린턴 행정부와는 잘 호흡이 맞았다. 그러나 후임인 조지 부시정부와는 초기에 의견의 조율을 보지 못했다. 김대중 정부의 대미외교 전략은 한마디로 절충주의적 전략이라고 할 수 있다.

김영삼 정부의 대북 강경노선과 다음 정권의 노무현의 친북한 정책과는 다른 한미 공조적 전략과 남북한 공동체 의식을 절충한 전략이라고 할 수 있다. 미국과 강한 동반자적 관계는 북한을 자극하여 남북한 평화공존이 파기될 가능성이 있다.

반면 북한에 너무 한민족 공동체를 구성하는 경우 한미동맹관계에 문제가 생길 수 있기 때문이다. 따라서 김대중은 미국과 북한을 오가는 곡예외교를 추구해 나갔다고 할 수 있다. 이러한 김대중의 북한과 미국을 오가는 외교전략은 초기 조지 부시 대통령과 불편한 관계를 보이는 듯 했으나 결국 미국과는 협력관계를 유지해 나가는데 성공하였다.

2001년 1월 출범한 조지 부시 대통령은 대북한 정책에 있어서 매우 강경 노선을 고수하였다. 특히 그의 외교안보 정책은 강한 힘을 바탕으로 한 외교노선을 추구해 나갔다. 그가 집권한지 얼마되지 않아서 발생한 9.11테러로 테러와의 전쟁을 선포하면서 남한에 대한 전략도 변화를 시도하였다. 기존에 추구하던 붙박이식 군사전략에서 이동식 군사전략으로 신속하게 움직이는 대 군사정책을 추구해 나갔다. 북한에 대해서도 언제든지 선제공격을 하여 북한을 군사적으로 제압시킨다는 전략이었다.

또한 부시의 안보팀을 네오콘이라고 불렀다. 네오콘이란 강한 힘을 바탕으로 한 군사적 강경노선을 추구해 나간다는 전략이었다. 한미관계에서 김대중은 북한의 김정일과 남북정상회담을 성사시킨 이후라 미국과의 관계에서는 매우 불편한 관계를 유지하는 듯 보였다. 그러나 김대중은 오랫동안 미국에 있으면서 인권운동을 하였다.

또한 워싱턴 정가에는 김대중과 친한 정치인들이 많이 있었다. 친한파들의 협조를 얻어서 김대중은 조지 부시와 남북 관계에서 조율하여 서로 서로 한발씩 물러서는 정책을 추진하였다. 한미동맹에서 김영삼을 비롯한 이전의 정권에서는 미국에 대해서 적극적인 종속정책을 추구해 나왔다.

특히 김대중 이전의 정권에서는 미국과 한국은 강대국과 약소국이라는 분명한 상하관계에서 외교정책을 수립해 나갔다. 또한 군사적으로 절대적으로 미국에 의존하는 정책을 추진하였다. 그러나 김대중은 북한에 대해서 화해와 협력으로 남북한 평화를 유지하겠다는 전략을 미국정부에 보였다. 그러자 처음에는 조지부시 정부는 한국의 대북 정책에 대해서 불만을 터트리는 듯 했다. 그러나 얼마 후 부시정권은 한국의 대북 정책과 미국의 대북 정책은 일치한다는 발표를 하였다. 결국 초기에 삐걱거리던 한미동맹관계는 조율성을 보이면서 성공적인 한미관계가 유지되었다.

김대중 대통령은 남북한 문제를 비롯하여 동북아에서 냉전을 평화적으로 변화시켰다는 공로를 인정받아서 노벨 평화상을 수상하였다. 김대중 대통령의 노벨 평화상 수상은 상당한 의미를 내포하고 있다. 우선적으로 한국인으로서 사상 처음으로 노벨상을 받았다는데 의미를 부여할 수 있다. 일본의 경우는 이미 오래전 70년대 사또 수상이 노벨 평화상을 수상하였다. 김대중 대통령의 노벨 수상은 한국을 국제사회에서의 위상을 한 단계 올리는데 중요한 기여를 하였다.

김대중의 대일본 외교는 유화정책이라고 할 수 있다. 대부분 일본강점기 교육을 받은 사람들은 일어를 하고 일본문화가 몸에 익숙하다. 그리고 일본에 대해서 큰 반감을 가지고 있지 않았다.

한국의 제3공화국 당시 1964년 한일협정 반대 데모가 절정에 달했다. 당시 야당에서는 신파와 구파로 나누어져서 한일회담에 반대하였다. 그중에서 김대중은 반대를 하더라도 조건부 반대를 하였다. 반면 김영삼을 비롯한 구파들은 조건이 없는 절대적 반대를 하였다. 김대중은 한일회담을 성사시키되 충분한 보상을 전제조건으로 하였다.

김대중은 1998년 10월 일본 천왕을 방문하였다. 한일관계의 강한 결속을 위한 동맹을 주장하였다. 김대중은 이미 1973년 일본에서 민주화 운동을 하다가 납치됐다. 당시 일본정부는 한국정부에 대해서 외교단절까지 강수를 던졌다. 그 결과 김대중은 국내에 납치되어 돌아온 후 일본의 도움으로 일본에서 한 반정부활동은 문책하지 않는다는 조건으로 무마되었다.

김대중은 전두환 군사독재 정권에 맞서서 민주화 운동을 하던 중 사형을 선고 받았다. 그러나 전두환 정권은 일본의 강한 저항 속에서 한

일외교 단절이라는 강수에 전두환 정권도 결국 김대중을 석방하였다.

이처럼 김대중은 오랫동안 민주화 운동기간에 미국과 일본으로부터 개인적으로 많은 도움을 받았다. 그 결과 일본과의 외교관계는 비교적 매끄럽게 유지하려고 노력하였다. 또한 천주교 신자인 김대중은 용서와 사랑을 바탕으로 한 한일관계의 외교 전략을 추구해 나갔다. 특히 국내에서 자신에게 사형을 선고한 전두환과 그 일당들에 대해서도 용서로서 보답하려고 하였다. 이러한 김대중의 유화적인 제스처는 한일관계의 평화적인 무드를 조성하였다.

김대중 정부의 대일본 외교전략 중에서 문제가 된 것은 1998년 11월에 체결된 신한일 어업협정조약이다. 이 어업협정조약에서 독도는 한일 양국의 중간적 위치인 배타적 지위를 유지해 나간다는 어업약정이다.

독도는 분명히 우리나라 영토임에도 불구하고 중간수역으로 설정한 것은 일본이 독도를 자신들의 영토라는 주장에 빌미를 제공하고 있다. 그러나 헌법재판소는 어업 영유권과 영토 소유권은 별개의 문제라는 판결을 냈다. 따라서 어업협정에서 독도를 한국과 일본의 중간수역으로 정한 것은 영토 소유권 분쟁과는 별개라고 할 수 있다.

그러나 일본에게 독도가 분명히 우리 영토임에도 불구하고 일본과 한국의 중간수역으로 한 것은 한국이 한발 양보한 어업협정으로 굴욕적 협상으로 비칠 가능성이 있다는 점에서 김대중 정부의 독도 협약은 비난을 받고 있다.

F. DJ의 허와 실

김대중 정부는 민주주의 개척기의 마지막 정부에 해당한다. 특히 정통 야당으로서 37년 만에 집권여당이 된 민주주의 상징성을 대표하는 정부다. 따라서 국민들 역시 김대중 국민의 정부에 대한 기대가 매우 컸다. 김대중 개인이 한국 민주주의의 역사 현장에서 직접 민주화를 이끈 인물이기 때문에 국민들이 그에 대한 기대는 더욱더 컸다. 사실상 그는 남북정상회담 등 여러 가지 큰 업적을 남겼다. 경제문제에 있어서도 김영삼 정부가 남긴 IMF 외환위기를 성공적으로 완성하였다. 그가 남긴 업적은 크다.

반면 김대중 정부는 많은 문제점도 있다. 그중에서 김종필과의 공동여당을 구성하였다. 구시대의 보수주의 인물들을 대거 영입하면서 자신이 가지고 있던 이미지를 흐리게 만들었다. 국무총리뿐만 아니라 자신과 국정운영을 할 최측근 인사인 김중권과 이상주 비서실장 모두가 다 5공 군사정권의 핵심 인물들이었다.

김대중 정부의 비서실장인 김중권과 이상주는 누구인가?

김중권은 1939년생으로 경북 울진출신이다. 고대 법대를 나와 사법고시에 합격하여 판사를 하다가 5공 전두환 정권에 의해 정계에 입문하였다. 전두환 정권 시 청와대 정무수석을 거치는 등 5공 핵심 인물이다. 그러면 이상주는 누구인가?

이상주는 경북 영주출신이며 1937년생이다. 서울사대와 미국 피츠버그대에서 교육학 박사학위를 받았다. 서울사대교수와 정신문화원에서 학자로 출발하여 5공 시절 청와대 교육문화수석을 지냈다. 그 후 강원대 총장 등 여러 대학 총장을 지냈으며 김대중의 비서실장을 거쳐 교육부 장관을 역임했다.

김중권과 이상주는 왜 발탁이 되었는가. 이것은 아마 지역안배 차원에서 경북 출신을 기용한 것으로 추정된다. 여기서 문제는 김대중 정부의 일관성이 상실되어 버렸다. 죽이 되던 밥이 되던 끝까지 밀어붙여야만 했다.

그런데 김대중 정부는 집권하면서부터 과거사 청산문제는 그냥 화해라는 명목으로 넘어가고 말았다. 5공과 관련된 광주민주화 항쟁도 물고 늘어져야만 했다. 그러나 모든 것을 인간적인 차원에서 용서와 사랑으로 타협하고 말았다. 역사와 정치발전을 위해 집고 넘어가야만 했다. 서양의 민주주의는 피를 먹고 자랐다는 교훈을 소홀히 한 것이 김대중 정부의 실책이라고 할 수 있다.

8

노무현 대통령이 실패한 원인

A. 노무현 대통령의 국정철학

노무현 정부의 국정운영 철학은 국민과 함께 하는 민주주의 실현, 더불어 함께 사는 균형 발전 사회 건설, 평화와 번영의 동북아 건설을 목표로 하였다.

또한 원칙과 신뢰, 공정과 투명, 대화와 타협, 분권과 자율을 국정운영 방침으로 삼았다.

외교안보 분야에서는 한반도 평화체제 구축, 정치 행정 분야에서는 부패없는 사회, 봉사하는 행정, 참여와 통합의 정치개혁, 지방분권과 국가균형발전, 경제 분야에서는 동북아 경제주체국가 건설, 자유롭고 공정한 시장질서 확립, 과학과 기술 중심사회, 미래를 열어가는 농어촌 건설 등이다. 사회, 문화, 여성분야에서는 참여복지와 삶의 질의 향상, 국민통합과 양성평등 구현, 지식문화 강국, 사회 통합적 노사관계 구축을 국정과제로 삼았다.

과거 김대중 정부에서 인재발탁은 정계 주류와 재야의 주류인사들을 발탁한데 반해서 비주류를 중심으로 발탁하였다. 비주류 중심으로 젊고 개혁성향의 인사, 새천년 민주당의 신 주류와 386세대, 시민단체와 진보적 학자그룹, 운동권 출신 등을 발탁하는 인사정책을 추구해 나갔다. 또한 정경유착의 단절, 권위주의 청산, 시민사회의 성장을 가장 큰 목표로 삼고서 사회를 개혁해 나가는데 주력하였다.

노무현 정권의 국정운영은 김대중 정부에서 추진하던 권위주의 청산, 정경유착의 단절의 목표를 그대로 추진해 나가는데 역점을 두었다.

B. 노무현 대통령의 탈권위주의의 허와 실

노무현 정부의 특성은 바로 탈권위주의라고 할 수 있다. 권위주의로 인해서 독재정부가 나타나고 민주주의가 퇴보하게 되는 것이다. 민주주의의 역사는 탈권위주의의 역사라고 할 수 있다. 유교문화를 바탕으로 하는 동양이 서양사회보다 민주주의가 덜 발달된 이유가 바로 권위주의 때문이다.

정당도 마찬가지이다. 민주화 운동을 한 김대중·김영삼 대통령까지도 보스 즉 우두머리 정치를 하였다. 다시 말하면 김영삼과 김대중은 자신들이 마음만 먹으면 언제든지 당을 만들 만큼 우두머리 행세를 하였다. 이것도 일종의 권위주의라고 할 수 있다. 그리고 정당 내에서의 서열은 바로 직책이 문제가 아니라 당수와 가장 친근하고 자주 만나는 사람 순서대로 권력 서열이 정해지는 것이다. 이처럼 보스 중심의 정치가 바로 권위주의인 것이다.

노무현 정부는 참여정부로서 누구나 다 정치에 참여하도록 문을 열어 놓았다. 노무현 자신이 권위를 없애기 위해서 서민들과 같이 막말도 하고 바로 자신이 서민이라는 것을 보여주었다. 또한 검찰개혁을 위해서 평검사와의 토론을 주도하여 대대적인 언론공개를 통해서 직접 자신이 서열을 무시하고 그들과 토론을 하였다. 이러한 그의 거침없는 행보는 국민들의 눈에 바로 권위주의 청산이라는 것을 잘 보여 주었다. 민주주의는 인간은 누구나 다 평등하다는 원칙 위에서 존재하기 때문이다. 사람 위에 사람 없고 사람 아래 사람 없다는 평등정신을 노무현 참여정부는 잘 보여주고 있다.

노무현 자신이 서민임을 강조하면서 약자 편에 서서 약자의 권익을 위해서 일하는 것처럼 보여 주었다. 인사 정책면에서 그는 서열을 무시한 발탁을 하였다. 자신이 보기에 능력이 있다고 생각되면 경력이 있건 없건 무슨 자리든지 갖다 놓았다. 당시 청와대를 비롯하여 핵심 자리에는 대부분 경험이 없는 인사들이 대부분이었다. 특히 가장 보수집단인 법조계에서 조차 서열을 무시한 파격적인 인사를 단행하였다. 법무부 장관을 비롯하여 고위직에 판검사 경력이 없는 사람도 기용하였다.

조직인 정부 운영 방식도 계선기관을 무시하고 참모기관을 중심으로 조직을 운영하였다. 정부 각 부서의 조직은 최고위직인 장관부터 시작해서 최하위직인 서기보까지의 직제로 구성되어져 있다. 이것을 정통 계선라인 조직이라고 한다. 업무는 이러한 절차를 거쳐서 이루어진다. 그러나 노무현 정부는 계선조직이 아닌 위원회를 구성하여 운영하였다. 노무현 정부시절 필요없는 위원회가 상당히 많이 생겼다. 이 위원회는 사실상 정부의 참모역할로서 전문지식을 제공하는 부서에 불과하다. 그런데 참모기관인 위원회는 정통 관료조직을 무시하고 바로 대통령이나 청와대와 협의하여 업무를 처리하였다.

노무현 정부의 생각은 단계를 거쳐서 업무를 처리하는 것을 권위주의를 만든다는 생각을 가지고 있었다. 그 결과 정통 실무를 담당하는 각 부서들은 위원회에 눌려서 제 역할을 하지 못했다. 또한 청와대에 행정경험이 없는 인사들이 대통령을 둘러싸고 있어서 각 부서의 장관을 비롯하여 기관장들은 대통령 만나기가 더욱더 힘이 들었다.

결국 노무현 정부가 추구하는 탈권위주의는 행정상의 혼선을 초래하여 업무가 뒤죽박죽되어 버리고 누가 상관이고 누구 부하인지를 구분하지 못하는 사태까지 번지고 말았다. 더구나 각 위원회나 청와대에서 자신의 관할이 아닌 업무를 맡아서 하는 경우도 많아서 각부서 간의 업무상의 한계가 불분명한 사태까지 생기게 되었다.

이처럼 노무현 정부가 추구한 탈권위주의 정책으로 인해서 많은 시민단체가 생기게 되었다. 노무현 정부의 탄생에 많은 도움을 준 시민단체로서 대표적인 단체는 참여연대이다. 참여연대를 비롯하여 많은 시민단체들이 정부의 업무에 대해서 무시하고 툭하면 소송이나 고소를 하는 사례가 부쩍 늘어나면서 정부는 업무의 차질뿐만 아니라 국민들로부터 신뢰성을 상실하는 정부기관으로 변하고 말았다.

각종 민원 업무를 처리하는 부서 역시 시민들로부터 권위주의가 문제가 아닌 신뢰성 없는 부서로 전락하고 말았다.

동시에 노무현 정부가 들어서면서 참여연대 등 시민단체들이 청와대를 비롯하여 정부 주요부서의 요직에 발탁되는 사례가 많았다. 이렇게 중요한 자리를 밑에서부터 올라가는 것이 아니라 외부의 공직 경험이 전무한 인사들이 발탁되면서 공직사회의 기강이 해이됨과 동시에 공무원들은 자신의 업무와 직업에 대해서 회의를 품기 시작하였다. 결국 공직사회는 기세가 꺾이고 업무에 대한 의욕을 상실하고 말았다.

노무현의 등장으로 인해서 한국은 과거의 권위주의 사고의 정부와 공무원들의 사고로부터 상당히 탈피하였다. 특히 노무현 대통령은 스스로 대통령을 그만두고 고향인 김해 봉화마을에 가서 농사를 짓는 농민으로 돌아갔다. 이것은 스스로 탈권위주의라는 것을 국민들에게 보여주는 귀감이 되었다.

C. 노무현 대통령의 부동산 정책

한국정부가 안고 있는 가장 큰 문제점은 부동산 정책이다. 한국은 국토가 좁기 때문에 땅을 가지고 있는 사람들이 부자행세를 했다. 한국에서 부자로서 행세하고 살기 위해서는 부동산 투자를 잘하는 사람이 결국 부자가 된다. 정부에서 해야 할 일은 부동산 투기를 억제

하여 올바른 생활을 하는 서민들을 보호해야만 한다. 부동산 투기 억제정책은 국민들의 양극화 현상을 막고 평등하게 부의 분배를 만드는 가장 기본적이고 중요한 정책이다.

노무현 참여정부의 목표는 바로 서민 중심주의 정치를 내세웠다. 그러기 위해서는 부의 형평성과 분배위주의 정치로 국정을 운영하여야만 한다. 노무현 정부 이전 정부인 국민의 정부는 외환위기를 성공적으로 극복하기 위해서 최선을 다했다. 그 결과 외환위기는 예상보다 빨리 성공을 거두었다. 그러나 부동산 안정정책에서 일부 중요한 정책을 폐지하는 바람에 부동산 거품현상이 발생하였다. 그 결과 김대중 정부시절에 강남의 부동산 값이 폭등하였다. 이러한 현상은 노무현 정부가 들어서면서 다시 불안이 고조되기 시작하였다.

노무현 정부의 소비자 물가지수는 15.3퍼센트 증가하여 김대중 정부에서 시작된 물가 안정을 그대로 이어져 나가면서 성공적인 안정정책으로 평가받았다. 그러나 부동산 시장은 엄청난 폭등을 하였다. 노무현 정부 5년을 통해서 전반기 4년 동안의 주택가격은 높은 상승세를 보였다. 마지막 1년간은 약간 낮은 상승세를 보였다.

노무현 정부의 5년간 주택 매매가는 전국적으로 24.2퍼센트 상승하였다. 그중에서 서울이 49.2퍼센트가 상승하였다. 강남지역은 51.3퍼센트 상승세를 보였다. 그중에서 아파트 상승세는 전국이 33.8퍼센트 상승하였다. 그중에서 서울이 56.6퍼센트 상승세를 보였다. 또한 강남이 67퍼센트를 상승세를 나타냈다. 이러한 부동산 상승세와 소비자 물가세를 비교하면 아파트 값은 2.2배에서 약 4.4배 가령 상승했다. 또한 주택가격은 1.6배에서 3.4배 정도의 상승세를 보였다.

노무현 정부가 부동산 안정대책을 적극적으로 나서서 추구해 나간 것은 사실이다. 노무현 정부의 가장 큰 목표가 바로 서민을 위한 정책에 초점을 맞추어 나갔기 때문이다. 그럼에도 불구하고 노무현 참여정부의 부동산 상승은 결국 참여정부의 부동산 정책이 실패하였다고 할 수 있다. 이러한 노무현 정부의 부동산 정책에 집중하고 많은 노력에도 불구하고 실패한 원인은 어디에 있는가. 가장 큰 원인은 전월세에 대한 안정대책이 미흡하였다는 점이다. 그 결과 신규주택에 대한 수효가 급증하여 부동산 가격이 크게 상승하고 내 집 마련에 대한 대책이 부족했다고 할 수 있다. 부동산 정책에 대해서 지역별로 정확하게 분석하여 각 지역에 맞는 부동산 대책을 시급하게 마련하여 대응해 나가야만 했다. 그러나 노무현 정부는 이러한 방안을 정확하게 해결해 나가지 못했다.

다음으로 부동산 대책에 대한 투명성이 부족한 정책을 추진해 나갔다. 가장 중요한 것은 부동산 분양 원가가 투명하게 공개되어서 국민들이 정확하게 알고 있어야만 했다. 그러나 더욱더 중요한 것은 국가는 매 분기별로 부동산 시세의 변동 등에 대해서 정확하게 파악하고 그 원인규명에 총력을 기울어 나가야만 했다. 결국 부동산 상승 원인은 수요와 공급의 불균형에서 발생하는 것이다. 이러한 부동산 시장에서 발생하는 수요와 공급의 불균형 현상을 타파하기 위해서는 정부가 적극적으로 개입하는 정책을 추진하여야만 했다. 그리고 그다음 정책으로 단호한 처방을 조치했어야만 했다.

또한 정부의 부동산 시장에 대한 단호한 조치나 의지 등은 이해가 간다. 그러나 정부는 말로만 부동산 억제 정책 등을 떠들어댔다. 그러나 실재로 부동산 억제 정책에 대해서 적극적인 정책을 추구해 나가지 못했다. 그 이유는 서울시의 시장을 비롯한 관련 부서의 공무원들과 복합적인 부동산 관계 등의 현상이 나타나면서 정부가 그들이 주도하는 방향으로 끌려나가고 말았다. 예를 들면 서울시의 경우 서울시가 추진하는 뉴타운 추진과 재건축 완화정책 등이 서울시의 부동산 가격 상승의 견인차 역할을 한다는 것을 파악하는 경우 거기에 대한 적극적인 대응 방안을 모색하여 추진해 나가야만 했다. 그러나 정부는 이러한 시급하고 가장 중요한 상황에 대처하지 못하고 결국 부동산 정책은 실패하고 말았다.

여기에 더해서 부동산 상승효과는 단일한 부동산 문제가 아니다. 가령 노무현 정부가 추진한 전국적으로 행복도시와 혁신도시를 비롯하여 기업도시 등은 부동산 가격 상승을 부추기는 견인차 역할을 하였다. 동시에 여기에 따르는 토지 보상금은 부동산 상승에 승수효과를 가져오게 되었다.

부동산 정책이 어려운 점은 바로 원인이 단순한 하나에 국한된 것이 아니다. 서로 상호 관련성을 가지고 있기 때문이다. 다시 말하면 정부의 조세정책을 비롯하여 금융정책과 복지정책이 하부구조를 이루고 있다. 이러한 하부구조를 바탕으로 한 주택시장과 토지시장 및 경매시장 등이 상부구조로 자리를 잡고 있기 때문이다.

따라서 상부구조를 고치기 위해서는 하부구조의 개선이 더욱더 중요하다. 상부구조와 하부구조의 강력한 연계성으로 형성된 것이 바로 부동산 시장이다. 이러한 문제를 해결하기 위해서 국가의 전반적인 경제정책에 대한 점검이 필요하였다. 노무현 정부의 부동산 실패정책은 정부가 그렇게 강조하던 양극화 현상을 막고 부익부와 빈익빈의 차이를 감소시키는 세상사는 맛이 나는 이상주의 건설에 실패하는 오점을 남기게 되었다.

D. 노무현 대통령의 정책의 허와 실

노무현은 민주화 이후에 처음으로 탄생된 정부였다. 수십 년 간 계속된 군부독재 정치를 비롯하여 관료들의 권위주의 등이 아직도 청산되지 못한 정치 환경 속에 있었다. 그는 낡은 권위주의 청산을 위해서 노력하였다. 권위주의에는 기득권 보수집단 세력들이 그를 둘러싸고 방해 공작을 펼쳤다. 특히 그는 언론 등 4대개혁을 하려고 하였다. 그러나 워낙 강한 뿌리를 내리고 있는 보수 세력에 휘둘리고 말았다.

약자들인 흑인 노예들의 편에선 링컨 대통령에게 미국인들은 손을 들어 주었다. 그리고 흑인에게 인간의 존엄성과 자유를 주도록 허락하였다. 그러나 노무현이 추구한 2퍼센트의 가진자들의 재산을 거두어서 98퍼센트의 약자들에게 분배하겠다는 그의 정치철학은 좌초되기 시작하였다. 바로 국민의식 수준이 선진화되지 못했기 때문이다.

노무현 혼자서 뛴다고 되는 것이 아니다. 민주주의는 하루아침에 이루어지는 것이 아니다. 민주주의는 시간과 피와 땀을 필요로 한다.

노무현이 추구한 이상주의인 분배중심의 사고는 바른 것이다. 그러나 실행과정에서 많은 시행착오를 거친다. 주변의 정책결정자들 역시 대부분 실무경험보다는 이상을 바탕으로 한 실무진이다. 그들 역시 많은 오류와 시행착오를 경험한다.

그리스 철인 아리스토텔레스는 그의 대표작인 "정치학"에서 말한다. 바로 훌륭한 국가조건으로 국민들의 부는 최대한 4:1을 넘어서는 안된다.라고 한다. 아리스토텔레스는 만일 4:1을 넘는 경우에는 국민들이 혁명을 일으킨다는 것이다. 사실상 한국은 김영삼 대통령의 외환위기 때문에 후임자인 김대중 대통령이 외환위기 극복에 초점을 맞춘 경제정책으로 인해서 사회는 위기 속에 빠져 있었다. 노무현 정부 초기부터 심각한 사회 양극화 현상이 나타나기 시작하였다.

노무현의 정책이 상당부분 실패한 점도 부인할 수 없다. 특히 부동산정책은 실패했다고 할 수 있다. 그러나 역사적인 관점과 거시적인 차원에서 그는 한국정치 발전을 한 단계 높이 끌어올린 인물임에 틀림없다. 노무현의 이상주의 정치는 비록 현실을 외면하고 현실과 동떨어진 정치를 하였다는 점은 인정한다.

노무현 대통령이 추구한 개혁은 앞으로 시간이 지나면서 역사가 판단해 주리라고 기대된다.

9

이명박 대통령의 실패한 원인

A. 중도실용주의 정책 노선

이명박 정부가 가지고 있는 국정운영 철학에 대해서 간략하게 설명하면 중도실용주의라고 할 수 있다. 중도실용주의란 무엇인가?

앞에서도 언급한 것처럼 이명박 정부는 전 정부인 노무현 정부와는 완전히 다른 국정운영의 방향을 추구해 나갔다.

우선 중도주의 노선과 실용주의 노선을 합쳐서 운영하는 방향을 택하고 있다. 중도주의란 이명박은 아리스토텔레스의 중용의 도를 지침으로 한다는 것이다. 중용의 도란 너무 앞서거나 너무 뒤로 가지 않고 글로벌 시대에 맞추어 나간다는 것이다. 사실상 노무현 정부는 중용의 도를 지키지 않았다.

노무현 정부는 분배와 균형이라는 명목으로 또한 노동자 중심으로 국정을 운영하였다. 서민과 노동자 중심인 가진자가 아닌 98퍼센트의 못가진 자를 중심으로 하는 한쪽으로 치우친 국정운영을 하였다. 그러나 이명박 정부는 가진 자와 못 가진 자들의 중간에 서서 양쪽 모두를 위한 정치를 추진해 나간다는 것이 이명박 정부가 추진한 국정운영 철학이다.

노동자만을 위한 노동자 편에 서는 경우 기업들이 발목을 잡혀서 성장이 둔화되고 노동조합이 판을 치고 노사분쟁으로 인해서 파업으로 국가경제가 둔화되는 현상을 막겠다는 것이다. 그렇기 때문에 노동자와 사주 간에서 중립적인 입장에서 문제를 해결하고 국민들이 단결하도록 하는 국정을 운영한다는 것이 중도론이다. 또한 보수와 진보 중에서 보수 쪽이기는 하지만 극우의 보수가 아닌 보수 중도론으로 정책을 운영한다는 것이다. 다시 말하면 뉴라이트 방향으로 사상을 정립하는 것이다. 그렇기 때문에 보수와 진보가 서로 조화와 균형을 이룰 수 있도록 한다는 것이다.

노무현 정부의 진보는 사실상 보수와 진보가 편을 가르도록 하였다. 노무현 쪽에서 생각하는 보수는 구시대적이고 전 근대적인 사고로서 진보적 사고를 가진 자신들의 사고와는 같이 동참할 수 없다는 것이다. 노무현 정부에서 보는 보수는 보수꼴통이라는 극우파적인 보수라고 할 수 있다. 그러나 이명박 정부의 보수는 극우적인 사고가 아니라 보수와 진보가 공존하고 상생하는 보수라는 것이다.

그러면 실용주의란 무엇인가? 이명박이 추구하는 실용주의 노선이란 바로 국가의 이익을 위해서는 실질적으로 이익이 되는 방향으로 국가를 운영한다는 것이다. 현재 세계 패권국인 미국의 정책이 바로 실용주의 노선을 걷는 정책이며 미국인들이 가지고 있는 사고가 바로 실용주의적 사고이다. 미국이 세계 패권국이 된 원인은 바로 실용주의를 바탕으로 하고 있기 때문이다.

이명박 정부가 추구하는 중도 실용주의는 바로 실용성을 바탕으로 하되 너무 한쪽으로만 치우치지 않는 실용주의 국정운영을 기초로 하고 있다. 이것은 바로 이명박 대통령이 오랫동안 비즈니스맨으로서 대기업을 운영해 본 실무를 바탕으로 국가 경영을 비즈니스식 운영을 하고자 한다는 것을 알 수 있다.

외교안보적 관점에서 이명박 정부의 실용주의적 국정운영 철학은 노무현 정부나 김대중 정부와는 다른 접근방법을 사용한다는 것이다. 가령 대북한 관계의 전략을 보면 노무현 정부와 김대중 정부는 북한에 대해서 우선적으로 포용정책을 추진하여 북한에게 경제적 혜택 등을 주고 난 후에 북한에 대해서 핵을 포기하도록 설득시킨다는 전략이다. 반면 이명박 정부는 우선적으로 핵을 포기하고 난 후에 경제적 혜택을 주는 협상을 한다는 것이다. 괜히 북한에게 끌려 다니면서 퍼주고 눈치보고 달래고 설득하는 것은 실용주의가 아닌 그릇된 전략이라는 것이다. 대미국 전략에서도 미국과의 실용성을 고려하여 한미동맹에서 적극적인 순응정책을 추구해 나갔다. 또한 경제적인 차원에서 노무현의 일방적인 친 서민정책을 추진한 것과는 대조적으로 친 기업과 친 서민정책의 양쪽을 오가는 정책을 추구해 나갔다.

B. 실패한 인사정책 - 고소영 인사

김영삼 대통령은 인사가 만사다.라고 말했다. 그러나 김영삼 정부의 인사 정책은 그가 오랫동안 정치를 하면서 가까이 두었던 인사들을 등용하여 김영삼의 인사정책을 망사라고 했다. 군부정치 시대에는 대부분이 육사출신들의 군인들이 기용되었다. 이것을 군화인사라고 부른다. 이처럼 인간은 누구나 다 자신의 측근들을 기용하는 경향이 매우 강하다. 그러나 가장 중요한 것은 공정한 인사정책이다. 능력 있고 도덕성이 높은 인사를 등용하는 것이 국가운영에 가장 중요한 일이다. 인재를 찾아서 인재를 적재적소에 배치하는 공정한 인사정책이 국가의 흥망을 결정한다. 과거 선조들이 과거제도를 통해서 관료를 등용한 것은 바로 공정한 인재를 등용하기 위해서이다.

이명박 대통령의 인사는 자신이 직접 대기업 건설사 사장을 했기 때문에 국가경영을 기업경영과 같은 차원에서 생각하고 인사를 단행했다. 우선 이명박 대통령은 기업인 출신의 정치인으로 정국을 운영하는데 정치적 시야가 좁았다. 따라서 그는 국정운영을 서울시장 시절을 맞추는 것이 고작이었다. 따라서 서울시장 재임시절의 인사들을 거의 대부분 청와대로 옮겨 놓았다. 또한 행정부 관료들도 서울시 재임시절에 인연을 맺은 인사들을 포진시켰다.

다음으로 자신은 실용주의자라는 사고를 가지고 있다. 따라서 실용주의적 실무에만 경험을 가진 인사들의 특징은 이상주의적인 이론이 부족하다는 생각을 가지고 있다. 특히 이론을 바탕으로 하는 인사들을 발탁하여 이론과 실무가 조화를 이루어야만 한다는 사고를 가지고 있었다. 따라서 평생 대기업과 건설현장과 정치현장에서 실무중심으로 일을 했던 이명박 스스로에게 필요한 것은 실무경험이 적고 단순히 이론에만 치중하는 이론가들인 학자출신들을 대거 기용하였다.

또한 이명박 스스로는 자신이 앞장서서 일을 직접 추진해 나가고 나머지 청와대 인사들은 참모로서 조언정도만 하면 된다는 생각을 하였다. 또한 정책문제에 있어서 자신이 총대를 메고 나가기 때문에 옆에서 조언하는 참모는 학자출신이 필요하다는 생각을 하고서 초기 청와대 참모진 9명 중에서 7명을 모두 교수출신들로 구성하였다.

특히 청와대 비서실장에 서울대 지리학과 교수를 채용하였다. 지리학과 교수를 한국정치의 콘트롤 타워 역할을 하는 중요한 자리에 갖다 놓았다는 것은 자신이 모든 일을 하고 경험이 부족한 비서실장에게서 조언정도 듣는다는 생각에서였다. 그러나 사실상 청와대는 가장 중요한 자리다. 이명박이 초기 청와대를 비롯한 장관 등 고위공직자 인선에서 대부분 자신의 연고가 있는 인사들을 채용하였다.

다시 말하면 서울시에 함께 재직하거나 같이 학교를 다니거나 아니면 같은 지역인사를 선호하였다. 이것을 세간에서는 고소영과 S라인 인사라고 했다. 자신과 같은 출신대학 인사를 다른 출신대학 인사보다 선호하였다. 인간은 누구나 다 자신과 동질성을 갖고 있는 인물을 선호하고 친근감을 느낀다. 이것은 인간이 가지고 있는 본성인 것이다. 그러나 고급으로 가면 갈수록 이러한 인사는 지양해야만 한다.

그 이유는 많은 사람들이 공정성을 요구하는 자리이기 때문이다.

공정한 인사라는 평을 듣기 위해서 자신과 동질성을 가진 인사에게 한 점을 더 줄 것이 아니라 한 점을 깍아 내리는 인사가 필요하다. 그래도 객관적인 시각에서 보는 대중들은 올바른 인사인가 아닌가를 의심하게 된다. 미국인들은 공정한가 아닌가를 사회정의의 잣대라는 생각을 가지고 있다. 따라서 그들은 공정성을 위해서 자신과 가까운 사람에게는 일부러 한 점을 감점시키고서 시작한다. 그 이유는 남에게 의심을 받지 않기 위해서이다.

그런데 한국의 인사는 그렇지 못하다. 이명박 정부가 초기에 의심을 받는 이유는 바로 이러한 자신이 알고 있는 사람만을 기용하였기 때문이다. 이것은 자신이 아는 사람을 기용하는 경우 그 사람의 능력을 자신이 알고 확실하다는 신뢰성을 가지고 있기 때문이다. 그러나 청와대를 비롯한 모든 공직인사에는 공정성을 필요로 한다. 공정한 인사위원회를 거치는 공정한 인사시스템을 구축해 놓아야만 한다.

가령 이명박 대통령 재임기간 5년 동안 가장 많이 기용된 인사는 이명박과 같은 대학 출신들이다. 왜 이들이 가장 많이 기용되었는가? 그 이유는 한 사람이 채용되는 경우 똑같이 자신과 같은 학교 출신들을 추천하여 기용하면서 조직 전체가 같은 학교 출신들로 구성되어져 버린다. 또한 이명박은 정치인과 기업인은 가능하면 배제시켰다. 아마 스스로 오랜 경험을 통해서 기업인과 정치인은 도덕성이 약하다는 생각을 가졌는지 모른다.

그러나 대통령은 종합적인 관리를 하는 자리다. 따라서 여기에는 모든 인재들이 모여들어 조화와 균형을 이루는 정치를 하여야만 한다. 고대 그리스 철인 플라톤은 말한다. 정치는 예술 중의 예술이다. 그렇기 때문에 정치가 가장 어렵고 그만큼 중요하다는 것이다. 그런데 이명박 인사는 정치에서 가장 중요한 정치인 배제를 선언하였다. 특히 초기에는 청와대 정무수석 자리를 없애 버렸다. 청와대가 정치와 분리된 행정기관으로 생각했던 것 같다.

또한 이명박 인사의 특징은 대부분 서울시와 관련된 인사가 대거 등용되었다는 것이다. 청와대 수석을 비롯한 대부분 인사들이 이명박 서울시장 재임 시에 같이 있었던 인사들이다. 그런데 일개 서울시를 국가경영의 모델로 삼은 것이다. 이것부터가 잘못된 인사다. 초대 비서실장을 지리학자를 등용한 것도 서울시장 재임 시부터 염두에 두었던 4대강 사업에 초점을 맞추어서 지리학 교수를 채용한 것이라고 추정할 수 있다. 또한 몇 달 가지 못해서 초대 청와대에 기용된 수석들 대부분이 교체되었다. 이것은 능력 면에서나 과거의 비리 등이 드러나면서 사퇴하고 말았다.

다음에 채용된 대통령 비서실장은 서울대 행정대학원 교수를 지낸 행정학자 출신을 기용하였다. 자신과 같은 동향이며 이명박과 같은 6.3 사태 때의 동지라는 인연으로 발탁시켰다. 그런데 문제는 국민들이 교수내각이라는 불평에도 불구하고 다시 교수출신을 기용한 것은 문제가 심각한 인사이다. 교수내각이라는 비판에 대해서 이명박은 최고중의 최고라는 말을 사용하였다. 이것은 자신이 추구하는 실용주의 노선에 실무경험이 없는 인사들만 골라서 기용하는 이유가 무엇인지 의문을 제기하지 않을 수 없다.

동시에 중요한 것은 지역안배 차원에서 자신의 동향은 멀리하는 인사를 택하여야만 한다. 그리고 자신과 다른 지역 인사들을 골고루 채용하여야만 한다. 그러나 이명박 정부는 자신과 동향인 특정지역 인사들을 대거 기용하였다. 지역안배 차원에서 다른 지역 출신들도 기용하기는 하였다. 그러나 이것은 단지 구색 맞추기 위한 인사라는 비평을 받았다.

다음으로 이명박 정부 인사의 특징은 자신과 같은 종교단체에다 자신이 다니는 교회의 인사들을 대거 기용한 것이다. 자신과 같은 종교를 믿는 인사를 채용하는 경우 다른 종교단체로부터 공격을 받게 된다. 그런데 이명박 정부는 여기에 더해서 자신이 다니던 교회의 인사들을 대거 발탁하면서 인사문제가 여론의 비난을 받았다.

여기에 더해서 강남부자 내각이라는 비난 역시 받았다. 대부분 발탁된 인사들은 공교롭게도 재산이 많은 인사들이 채용되었다. 그중에서 사회운동을 한다는 여성들을 장관으로 기용하면서 나타난 것은 그들 대부분이 부동산 투기 경력이 많은 인사들이었다. 부동산 투기란 혼자만 잘살겠다는 사고를 가지고 투기를 한 사람들이다. 특히 외환위기 이후 한국 국민들이 가지고 있는 사고는 대부분 강남 부자들은 땅 투기를 해서 부자가 된 사람들이라는 것이다. 따라서 돈 많은 부자들에 대해서 국민들의 인식이 아주 나빠져 있던 시대였다.

자본주의 시대에 돈을 많이 가진 것은 좋은 현상이다. 이것도 능력으로 평가하여 인사 채용에서 점수를 더 주어야만 한다. 그러나 한

편에서 공직자 채용에서 재산이 많은 사람들을 배제키고 탈락시키는 이유는 바로 도덕성 때문이다. 불법과 편법을 사용하여 돈을 모으는 관행이 작용하기 때문이다. 사실상 대부분 돈을 모으는 사람들을 보면 그들은 부동산 투기나 공직자인 경우 뇌물을 받은 사람들이다. 그렇지 않고 그냥 평범하고 올바르게 사는 사람들은 자녀 교육시키는 교육비 등으로 인해서 겨우 살아가는 사람들이다.

따라서 인사 채용 시 재산에 대한 검증을 이명박 정부는 소홀히 하였다. 결과적으로 이명박 정부의 인사는 수준 이하의 인사정책이라고 평가할 수 있다.

C. 이명박 대통령의 부동산 정책

이명박 정부는 노무현 정부가 추진한 부동산 정책과는 다른 정책을 추구해 나갔다. 노무현 정부가 실패한 정책 중에서 가장 두드러진 정책은 바로 집값 상승으로 인한 부동산 정책의 실패라고 할 수 있다.

토목 건설 분야 경제인 출신인 이명박은 건설현장의 경험을 부동산 정책에 연계시켜려고 노력하였다. 이명박 정부 부동산 정책의 최대 성과는 지속적인 규제완화라고 할 수 있다. 이명박 정부가 시행한 부동산 정책들을 보면 양도소득세 부과 주택을 9억 원 이상 고가주택으로 상향조정하였다. 또한 종합부동산세 제도개편, 다주택 양도세 중과 폐지를 비롯하여 재건축 조합원 지위양도 금지 조항 완화와 재건축 초과이익 환수제 폐지 등의 정책을 시행하여 지속적인 규제 완화 조치를 취했다. 동시에 분양가 상한제 폐지 등을 시행하여 부동산 시장의 투매를 금지시키고 가격하락을 막았다.

이러한 이명박 정부의 적극적인 부동산 정책에도 불구하고 주택가격은 물가상승률에 미치지 못했다. 반면 전월세 가격은 폭등했다. 이명박 정부 출범이후 주택가 상승률은 6.97퍼센트 상승하는 데 그쳤다. 반면 전세가는 36.2퍼센트나 급상승했다. 이명박 정부가 추진한 보금자리주택제도는 대기 수요자를 양산시키면서 민간주택 공급에 악영향을 미치면서 주택가격 하락의 요인으로 작용하였다.

이명박 정부가 다양한 방법을 동원하여 부동산 정책을 성공시키려고 노력하였다. 그러나 노력에 비해 큰 성과를 거두지 못했다. 그 원인은 그 당시 불어 닥친 글로벌 위기, 외부의 악재 등과 맞물리면서 동시에 달라지는 부동산 시장의 트랜드에 잘 적응하지 못한 정책을 추진했다는 것이 이명박 정부의 부동산 정책의 허점이라고 할 수 있다.

이명박 정부의 부동산 정책은 이명박 정부가 최대 관심을 두었던 대운하 건설사업에 눌려서 부동산 정책에 대해서 소홀히 했다는 비판을 받았다. 사실상 토목건설 사업인 4대강 사업과 부동산 정책은 언뜻 보기에는 관련성이 있어 보이지만 많은 차이점이 있다. 이명박 정부가 추진한 정책은 과거 정부와는 다른 규제강화에서 규제 완화 방향으로 정책을 추진하였다. 좀 더 진지한 부동산 정책을 추진하였더라면 하는 아쉬움이 있다.

다음으로 이명박 정부의 부동산 정책은 투명성이 명확하지 않은 정책을 추진하였다. 이명박 정부는 전 정부에서 강력하게 규제한 종합부동산세와 분양가 공개원칙을 비롯하여 부동산 금융정책 등에 대해서 투명하게 밝히지를 않았다. 이러한 투명성의 상실은 결국 부동산 투기꾼들에 대한 혜택을 누리도록 조장하였다. 또한 미분양 물량에 대해서 정부가 일괄적으로 매입하는 정책도 문제가 생기게 된다. 대부분 건설기업들은 상승세를 타던 시기에 수요가 적은 지역에 무리하게 사업을 벌여서 높은 분양가를 책정하였기 때문이다. 따라서 이러한 미분양 물량을 정부가 일괄적으로 사들이는 것은 문제가 있다고 할 수 있다.

이명박 정부가 15차례 이상 부동산 정책을 변경하여 부동산 시장을 활성화하려고 하였다. 그러나 큰 성과를 얻지 못했다. 특히 전월세 상승세 문제이다. 전월세 안정을 추구하는 일이 가장 큰 문제였다. 그러나 전월세 안정문제에서 실패하였다. 이명박 정부 임기동안 전월세 상승폭이 40퍼센트 이상 육박하였다. 결과적으로 종합적으로 평가하면 이명박 정부에서 추진한 부동산 정책은 성공했다고 할 수 없다.

D. 이명박 대통령의 정책의 허와 실

한국 현대 민주주의 역사는 김대중 이후에 나타난 노무현 정부부터 새로운 관점에서 정치발전을 시작하였다. 김대중 정부에서 끝난 한국 민주화 1세대는 노무현 정부부터 새로운 발전을 시작하였다. 노무현 전임 정부인 김대중 정부는 노무현 정부와 같은 진보에 뿌리를 둔 정부다. 그러나 다음에 나타난 이명박 정부는 보수에 뿌리를 둔 완전히 다른 정부다.

민주화 이후에 나타난 정부라는 점에서 이들은 공통점을 가지고 있다. 이제 한국은 경제적으로 세계 10대 대국에 들어가는 경제브랜드를 가지고 있다. 이명박 정부의 목표는 국민소득 4만 불 시대를 열어가는 세계 7대 경제대국으로서 성장하는데 국가 목표를 세웠다. 한 사람의 정치 지도자의 리더십이 얼마나 중요한지를 이명박과 노무현의 리더십을 비교하면 알 수 있다. 두 지도자의 리더십이 국내외적으로 발전에 미치는 영향이 얼마나 크다는 것을 알 수 있다. 이명박의 리더십으로 인해서 한미관계와 대북관계 및 국내외의 정치문화가 상당히 변화되었다.

노무현 정부에서 이혼직전에 있던 한미관계를 복원시켜 한미양국이 밀월관계를 넘어서 오바마 대통령이 한국의 성공모델을 세계에 칭찬하는 격찬을 받을 정도로 이명박의 창조적 실리외교는 성공을 거두었다. 더구나 여기에 더해서 이명박을 형님이라고 부를 정도로 개인적으로 친밀한 관계를 유지하는 성과를 얻었다. 그 성과는 바로 한국이 미국으로부터 여러 가지 실익을 얻어내었다.

바로 글로벌 경제위기 속에서 한국은 자칫하는 경우 지난번 김영삼 정부가 겪은 외환위기를 맞을 뻔 했다. 다행히 이명박 정부의 성공적인 외교가 바탕이 되어서 미국은 한국에 대해서 300억 달러의 통화 스와프를 하였다. 또한 세계 정상회담인 G20와 G7 참가국이 되는 세계로부터 인정을 받아냈다. 여기에 더해서 세계정상회담을 한국에서 개최하였다. 이것은 한국의 위상이 세계 강대국으로 진입하였다는 것을 잘 보여주고 있다. 이로 인해 한국의 정치, 문화, 경제 브랜드 가치가 크게 상승하면서 수출을 비롯하여 관광 등 모든 경제적 부분에서 큰 실익을 얻는 가치를 창출하였다. 이것은 한국을 뒤에서 밀어주는 미국의 숨은 덕이라고 할 수 있다. 이명박의 오랜 기업현장에서 경험한 세일즈 외교 리더십의 결과라고 할 수 있다.

북한과의 관계에서 비핵과 개방과 3000이라는 목표는 이명박의 실용주의 노선에 부합하는 리더십이라고 할 수 있다. 전임정부의 김대중과 노무현의 북한에 대한 리더십은 결국 약한 북한을 형제로서 죽을 먹든 밥을 먹든 같이 먹자는 사고에서 출발하였다. 그리고 이솝우화에 나오는 겨울철 외투를 벗기는 최선의 방법은 햇볕 밖에 없다는 생각에서 포용정책을 썼다.

그러나 지난 김대중 노무현 10년 간 북한에 대한 적극적인 도움을 준 대북정책은 결과적으로 보면 아무런 실익을 얻지 못했다는 것이 바로 실용주의를 바탕으로 하는 이명박의 사고이다. 사실상 김대중 정부와 노무현 정부는 6.15와 10.4 남북정상회담을 통해서 남북한 평화적 통일을 추진해 나왔다. 그러나 10년 후에 나타난 현상은 무엇인가?

결국 북한에게 경제적 도움을 주고 북한은 남한으로부터 받은 자금을 가지고 전 세계가 모두 위협을 느끼는 핵무기를 비롯하여 대량 살상 무기를 만드는데 사용하였다는 의혹만 제기되었다. 북한이 남한으로부터 자신의 최종 목표인 남한을 무력통일화시키는데 가장 필요한 핵무기를 만드는데 드는 비용을 마련하기 위해 남한에 대해서 유화적인 제스처를 사용했다는 것이 실용주의적 사고를 가진 이명박의 판단이다.

그러한 관점에서 보면 이명박의 실용주의적 사고는 정확하다. 더 이상 그들에게 끌려다니는 경우 결국 한반도의 비핵화가 아니라 북한이 핵을 만들어서 남한을 무력통일화 할 것이 틀림없는 사실이다. 여기에 우선적으로 비핵조건을 내세운 이명박 정부의 대북문제는 매우 현명한 대처이며 실리적 창조주의를 바탕으로 하는 훌륭한 리더십임에 틀림없다.

경제문제에 있어서도 발로 뛰는 세일즈 외교 전략으로 전 세계를 누빈 결과 상당한 수주를 얻어냈다. 경제문제도 결국은 큰 문제 없이 무난한 정책을 수행하였다고 할 수 있다.

반면 이명박 정부의 허점은 친 기업 위주의 정책을 추진한 결과 노사문제에 있어서 지나치게 사주 편에 서서 정책을 추진했다는 비난을 받고 있다. 사실상 성장을 위해서는 기업들이 돈을 풀고 생산 목표를 달성하기 위해서는 사주 편에 서서 도와주어야만 한다. 그러다 보니 노동자들의 인권이 약간은 침해된 것 같다. 그러나 노사정 협약에서 무노동 무임금의 원칙 등 지나친 강경노선에 대해서는 비난이 일고 있다.

다음으로 이명박 정부가 추진한 대사업인 대운하 건설사업의 일환으로 4대강 살리기 사업 등에 든 비용이 다 합치면 약 30조원에 육박하는 엄청난 사업이었다. 물론 이명박 정부는 이 사업을 뉴딜정책으로 생각하고 경제 살리기 목적으로 이 사업에 집중하였다. 그 결과 큰 성과를 얻지 못하였으며 사업과정에서 나타난 부작용 등으로 비난의 대상이 되고 있다.

또 다른 비난은 이명박 정부시절에 다른 정권에 비해서 공무원들의 비리가 많이 발생했다는 점이다. 동시에 국민들이 저지른 비리도 다른 정부에 비해서 늘어났다는 통계수치가 있다. 이것은 결국 청와대를 비롯하여 국정에 참여하고 있는 공무원들과 이명박 정부의 지도자들의 청렴성에 문제가 있었기 때문일 것이다. 결국 윗물이 맑아야 아랫물도 맑다는 교훈을 보여주고 있다.

이명박 정부의 실패 원인은 공무원을 비롯하여 대통령 스스로가 비리가 있는 대통령으로서 결국 퇴임 후에는 부정과 비리로 인해서 감옥살이를 하면서 실패한 대통령으로 역사에 오점을 남기게 되었다.

10

박근혜 대통령이 실패한 원인

A. 박근혜 대통령의 국정운영의 기본방향

제 18대 대통령 선거는 2012년 12월 19일 치러졌다. 대통령 선거는 새누리당의 박근혜 후보와 민주통합당의 문재인 후보의 2파전으로 압축되었다. 투표율은 총 유권자의 75.8퍼센트의 투표율을 보였다. 대선결과는 박근혜 후보가 51.6퍼센트, 문재인 후보가 48퍼센트를 얻어서 박근혜 후보가 당선되었다. 박근혜 후보의 당선에는 몇 가지 의미를 부여할 수 있다.

우선 박근혜 정부는 이명박 정부와 코드가 같은 보수주의 정부라는데 의미가 있다. 노무현 김대중 정부의 진보적 정책과는 대조적으로 이명박 정부와 같은 보수적 사고를 바탕으로 하는 점진적 개혁을 중심으로 하는 국정운영을 하였다. 대미와 대북정책 등 외교안보 정책면에서 보수 온건 노선을 걸었다.

대북 정책면에서는 이명박 정부가 추진한 대북 강경노선보다는 보수 중도적 남북한 평화공존을 위한 정책을 추진하였다. 박근혜 정부 역시 남북관계에서 과거 김대중 정부나 노무현 정부가 추진했던 선 포용정책 후 비핵화 정책이 아닌 선 비핵화 정책을 가장 우선시 하였다. 대미정책 역시 거시적인 차원에서 이명박 정부와 같은 코드에서 추구해 나갔다. 미국과 한미동맹에서 강한 결속력을 바탕으로 하는 적극적 순응정책을 추진해 나갔다.

경제정책 역시 친 기업과 친 노동자의 중립적인 입장에서 정책을 추진해 나갔다. 특히 박근혜 정부는 후보 공약 시부터 국민행복을 바탕으로 하는 복지정책에 가장 비중을 두는 정책을 목표로 정국을 운영하였다. 18대 대통령 선거에서 유권자는 박근혜 정부에 대해서 무엇을 요구하는가?

박근혜 후보는 여성후보자라는 불리한 조건임에도 당선되었다. 그 원인은 우선적으로 유권자들이 보수주의 노선을 그대로 유지하면서 점진적인 국정개혁을 요구하고 있었다. 이것은 투표자들의 투표 행태를 보면 알 수 있다. 우선 보수를 대변하는 50-60대의 투표자들이 대거 투표에 참여하여 투표율이 역대 평균 투표율보다 높았다는 점이다.

이것은 보수를 대변하는 세대가 바로 50-60대들이기 때문에 대부분 자신들과 코드가 맞는 박근혜 후보를 지지했다고 할 수 있다. 따라서 50-60대들은 가장으로서 국가가 안정적으로 개혁을 추진해 나가기를 희망한다는 것을 의미한다. 모험과 급진적인 개혁을 피하고 국가안정과 가족들의 행복을 원한다는 것을 의미한다. 따라서 노무현식의 진보적이고 급진적인 개혁을 피해나가고자 하였다.

다음으로 박근혜 대통령이 동양유교 문화사회에서 여성이라는 불리한 점을 극복할 수 있었던 점은 아버지 박정희 대통령에 대한 향수가 상당한 영향을 미쳤다. 박정희 대통령에 대해서 평가가 엇갈리고 있기는 하다. 그러나 박정희 대통령이 1960-70년대 한국의 조국근대화를 이루어 놓은 업적에 대해서 누구나 다 높이 평가하고 있다. 특히 한국의 대부분 국민들이 보리 고개를 없애는 경제적 기적을 이루었다는 점에서 박정희 대통령에 대한 향수가 박근혜 후보가 당선되는데 중요한 요인으로 작용했다.

선거 결과는 호남과 서울을 제외한 전 지역에서 박근혜 후보가 고르게 득표를 얻어 승리하였다.

그러면 18대 대통령 선거에 당선된 박근혜 후보와 차점자인 문재인 후보는 누구인가?

문재인 후보는 1953년 경남 거제 출신으로 경남고와 경희대를 나와 사법시험을 거쳐서 변호사로 활동했다. 문재인은 부산에서 발생한 부림사건을 계기로 김영삼 정부시절 청와대 비서실장을 지낸 김광일 변호사와 노무현 전 대통령과 함께 사건을 맡으면서 인연을 맺게 되었다.

특히 부산지역에서 노무현과 함께 인권변호사로서 활동하면서 후에 정치적 동지가 된다. 노무현이 대통령에 당선되자 노무현의 핵심멤버로서 청와대 민정수석과 비서실장을 거쳐서 18대 대선에서 당시 대중적 인기를 얻고 있던 안철수 후보와 경선을 벌인다. 결국 안철수 후보가 경선포기를 선언하고 문재인을 밀면서 야당의 대선후보로 확정되었다. 박근혜 당선자에게 패배하기는 했지만 48퍼센트라는 엄청난 지지율을 얻었다는 것이 그의 정치적 강점으로 작용하고 있다.

문재인 후보는 노무현 정부시절 청와대에서 왕수석이라고 불릴 정도로 국정운영에 핵심적인 역할을 했다. 만일 문재인 후보가 당선되었더라면 노무현 정치 모델을 상당히 수용하여 노무현식 진보정치를 추구해 나갔을 것으로 예상된다.

박근혜 대통령 당선자는 1952년생으로 대구에서 출생하였다. 그의 부친은 한국 산업화의 주역인 박정희 전 대통령이다. 서울의 성심여고와 서강대학교 전자공학과를 졸업했다. 1974년 어머니 육영수 여사가 문세광 사건으로 서거하면서 대통령인 아버지를 보좌하는 역할을 하였다.

1979년 아버지마저 서거하면서 한동안 정계를 떠났다. 그 후 당시 야당총재였던 이회창 총재의 추천으로 정계에 복귀한 후 야당 대표 등을 거쳤다. 17대 대통령 선거 후보 경선에서 이명박 전 대통령에게 패하였다. 그리고 제 18대 대선에서 승리하여 대통령에 당선되었다.

따라서 박근혜 대통령의 정치모델은 과거 박정희 대통령이 추진한 정치모델을 바탕으로 한 글로벌 시대의 모형이라고 할 수 있다.

박정희 대통령은 그의 집권동안 경제성장에 주력하여 한국이 후진국 경제에서 중진국으로 진입하는데 성공시킨 경제정책을 추진하였다.

박근혜 정부가 가장 역점을 두는 정책이 바로 국민행복론이다. 이것은 박정희 대통령이 선 성장 정책으로 우선 국민들에게 가장 필요한 정책이 바로 먹고 사는 경제문제에 초점을 맞춘 것과 같은 맥락에서 이해할 수 있다. 따라서 박근혜 정부의 목표는 최대다수의 최대 행복론의 정책이라고 할 수 있다.

B. 박근혜 대통령의 복지 정책

박근혜 정부는 다른 정부와는 달리 국민행복에 초점을 맞추는 정치를 시작하였다. 글로벌시대에 가장 필요한 것은 바로 국민행복이다.라는 사고로 국정을 운영하였다. 정치선진화의 조건으로 가장 중요한 것은 사회복지 제도이다. 한국 민주주의 역사는 서구 민주주의 역사 모델을 답습하고 있다. 노무현 정부에서 시작된 한국 민주주의 2기에 해당하는 민주주의 역사는 고전적 민주주의 기본 요소인 국민의 생명권 및 재산권과 인권 등의 기본적 권리에 기반을 둔 민주주의의 역사였다.

이것은 건국이후 이승만 정권에서 김대중 정부까지 계속되었다. 민주화 투사였던 김영삼·김대중 양 정부까지는 국민의 기본권 보장을 정부에서 가장 중요시 여겼다. 동시에 인권이 민주주의 정부의 잣대가 되었다. 그러나 노무현 정부가 들어서면서 한국은 새로운 민주주의 시대를 열게 된다.

서양 민주주의 역사와 비교하면 근대 민주주의에서 현대 민주주의로 넘어오면서 국민이 요구하는 민주주의의 기본요소도 변하게 된다. 바로 고전적 민주주의 요소인 인권에서 현대 민주주의 요소인 복지 중심의 요소로 변하게 된다. 현대 한국 민주주의 모델을 이해하기 위해서 한국 복지제도 역사를 간략하게 설명하면 장래 한국정부가 점차적으로 인권문제에서 복지우선 위주의 정책으로 변하지 않을 수 없다는 것을 알 수 있다.

한국의 복지제도는 박정희 정부가 들어서면서 시작되었다. 당시 박정희 대통령은 공무원과 일반 사기업체 간의 임금격차가 워낙 커서 우수한 인재들이 대부분 사기업으로 몰렸다. 당시 공무원 임금은 사기업 임금의 49퍼센트에 불과하였다. 이러한 사기업 임금과 공무원들의 임금격차 해소를 위해서 도입한 제도가 공무원 연금제도 등 각종 연금제도다.

그 후 전두환 정권이 들어서면서 사회보장제도에 관심을 가지기는 했다. 그러나 별 소득이 없었다. 국민과 국가가 동시에 연금 등 사회보장 제도에 관심을 갖기 시작한 것은 1997년 IMF위기 이후이다. IMF 이전에는 정년이 보장되었다. 그러나 IMF이후부터는 누구나 다 정년이 보장되지 못하면서 노후대책에 대한 준비가 시작되었다. 김대중 정부와 노무현 정부도 사회보장제도에 관심을 가지기는 했다. 이명박 정부에서는 4대강 사업 등 토목건설에 치중하면서 복지정책은 약간 후순위로 밀리는 듯 했다.

박근혜 정부가 들어서면서 복지정책을 전면에 내세웠다. 북한과의 안보위협이 가중되기 때문에 안보정책에 약간 밀리는 듯 하지만 복지정책은 여전히 박근혜 정부에서 가장 중요한 정책이었다. 박근혜 정부의 복지정책은 국민 100퍼센트 행복사회로였다. 이것은 최대다수의 최대 행복론이라고 할 수 있다. 서양사회에서 현대국가로 넘어오면서 시작된 고전적 복지론자들의 정책이다.

그중에서도 존 스튜어트 밀의 최대다수의 최대 행복론과 같은 맥락에서 이해되는 복지론이다. 밀과 함께 서양 복지론의 아버지에 해당되는 토마스 힐 그리인은 가장 많은 국민들이 그리고 최고의 질적인 행복을 주는 사회보장제를 도입한다는 것이다. 박근혜 정부는 이러한 목표를 달성하기 위해서 보다 두터운 중산층의 형성, 안락하고 건강한 삶, 모두가 함께 가는 사회 통합 등을 제시했다. 여기에 더해서 박근혜 정부는 아동과 청장년, 노인 등 생애주기별 복지 대상에다 취약계층과 보건 의료분야 등 맞춤형 복지정책을 내놓았다. 이것은 영국의 고전적 복지정책인 요람에서 무덤까지라는 복지정책과 유사한 복지정책이라고 할 수 있다.

박근혜 정부의 복지정책을 요약하면 아동복지 정책으로서 걱정 없이 아이를 낳고 키우는 사회 환경을 조성한다는 전략이다. 이러한 목표를 달성하기 위해서 국가가 전적으로 책임지는 보육지원 정책을 추진하고 임신 출산 지원 및 취약아동 보호 체제 개편 등을 추진하는 전략 방안이다. 그리고 청장년 복지제도로서 일자리 창출을 통한 창조경제를 선도하는 복지전략 방안이다. 이를 위한 국가정책은 고부가가치사회 서비스 활성화 방안이다. 동시에 복지 일자리 확충 및 처우개선에 역점을 둔다. 또한 창조경제 성장 동력인 보건산업을 육성 강화하는 전략이다.

노인행복을 위한 전략 방안으로서 행복한 노후를 위한 국가적 지원체계 구축방안이다. 이를 위해서 든든한 노후 소득보장 체계 구축안이다. 동시에 건강하고 활기찬 노후생활 지원 방안을 구축한다는 전략이다. 취약계층을 위한 복지전략으로서 대상별 맞춤형 복지를 통한 사각지대를 해소하는 전략방안을 구축한다는 것이다. 이를 위해서는 국가는 맞춤형 개별급여체계의 도입 및 사각지대 해소를 위해 전력을 투구한다는 것이다. 동시에 근로유인 강화로 일하는 복지를 도모한다는 전략이다. 전달체계 개편을 통한 체감도를 제고한다. 또한 장애인에 대한 행복한 삶을 지원하는 전략방안이다.

보건 의료 부분에서는 건강한 삶을 보장하는 보건 의료 체계의 개혁을 실행하는 전략이다. 이를 위해서 의료보장성 강화로 국민부담을 경감시키는 전략이다. 동시에 예방적 건강 관리체계를 구축하는 전략이다. 수요자 중심의 보건의료 체계를 개편하는 전략방안이다. 동시에 지속 가능성과 형평성을 제고한다는 것이다.

박근혜 정부가 추진한 복지정책은 국민 100퍼센트라는 문구와 같이 기업과 정부와 가족 등을 비롯하여 모든 주체간의 연계와 협력을 통해서 국민대통합을 지향하는 전략이다. 동시에 저소득층과 취약계층에게만 국한된 것이 아니라 국민 모두가 누리는 복지를 추구해 나간다는 전략이다. 또한 국민의 삶과 질의 향상과 행복을 국정운영의 최고의 과제로 삼았다. 이러한 박근혜 정부가 추진한 국민전체를 향한 보편주의적 국정운영은 과거 정부들의 복지정책과 비교해서 매우 발전된 복지정책임에 틀림없다.

사실상 박근혜 정부 이전의 복지정책은 후진국형 복지정책에 불과하였다. 이러한 복지정책은 한국이 민주화 이후에 나타나는 진정한 민주주의 사회로 진입하고 있다는 것을 의미한다.

이러한 박근혜 정부의 복지정책을 추진해 나가기 위해서 가장 중요한 것은 어떻게 늘어난 재정을 조달하느냐 하는 방법적인 문제가 가장 큰 문제였다. 사실상 증세 없는 복지재원은 어려운 일이다. 증세 없는 복지재원 확립방안을 위해서 박근혜 정부는 부단한 노력을 했다. 탈세를 막고 예산낭비를 줄이더라도 증세 없는 복지재원은 불가능하다.

한국의 조세 부담률은 선진국에 비해서 낮은 편이다. OECD 회원국들의 평균이나 북유럽 및 프랑스 등에 비해서 크게 낮다. 복지 선진국들은 고 부담과 고 복지의 복지형태를 취하고 있다. 반면 한국은 고 복지 저 부담의 정책을 추진해 나가고 있기 때문에 국가가 운영상의 어려움을 겪고 있다. 아무리 탈세나 예산낭비를 줄인다고 하더라도 힘이 들기 때문에 국민의 복지수여에 맞는 합리적인 재정 안정성을 위한 재정 확보가 시급한 과제다.

C. 박근혜 대통령이 실패한 대통령으로 역사에 기록된 원인

헌정 사상 초유로 현직 대통령이 헌법재판소의 심판에 의해서 파면되는 초유의 사태가 발생하였다. 박근혜 대통령은 국정 농단이라는 소위 최순실게이트에 휘말려 임기 5년을 채우지 못하고 4년만에 물러나면서 구속되었다.

국민들은 촛불시위를 통해 혁명적인 정치개혁을 요구하면서 결국 박근혜 대통령은 헌정사상 초유로 현직 대통령이 하야함과 동시에 구속되는 혁명적인 정치변혁이 발생하게 되었다.

그 후 문재인 정부가 수립되었다.

에필로그

이제 우리에게 필요한 것은 정치의 선진화다. 정치가 경제와 서로 어울리는 대국으로 도약하는 일이 남아 있다. 이러한 정치선진화를 위해서 우리에게 필요한 것은 국민에 의한 정치혁명이다. 기존의 모든 정치제도를 비롯하여 바꿀 수 있는 것은 다 바꾸는 찬란한 혁명이 필요하다.

장자크 루소는 그의 "고상한 야만인"에서 모든 것이 정치로 시작해서 정치로 끝난다.라고 말하고 있다. 이처럼 정치가 중요하다. 한국정치의 선진화와 혁명을 위해서는 어떤 인물이 필요한가. 바로 시대가 요구하는 인물을 선택해야 한다. 우선적으로 확고한 정치철학을 가진 인물이어야 한다. 철학이란 무엇인가. 철학이란 "필로조피"라는 말에서 나온 말로서 지식을 사랑한다는 말이다. 과거의 경험과 지식을 지혜롭게 활용하는 것을 철학한다고 한다. 파스칼은 그의 명저인 "팡새"에서 독침 하나에도 죽을 수 있는 나약한 인간이 강한 우주를 지배하는 것은 바로 인간이 철학을 하기 때문이다.라고 말하고 있다. 플라톤은 정치는 예술 중의 예술이라고 말하고 있다. 그만큼 정치가 어렵다는 것을 의미한다.

정치인은 아래와 같은 깊은 정치철학을 소유한 신뢰를 바탕으로 일관성 있게 개혁을 추진해 나갈 수 있는 인물이어야 한다.

1. 확고한 신념을 바탕으로 하는 통치 철학을 소유한 인물이어야 한다. (링컨)
2. 강한 추진력을 가지고 있어야 한다. (프랭클린 루즈벨트, 마가렛 대처)
3. 정치발전을 지연시키는 나쁜 요소들을 제거할 수 있는 능력이 있는 정치인이 필요하다. (링컨)
4. 경제문제를 해결할 수 있는 능력의 소유자여야 한다. (프랭클린 루즈벨트)
5. 열정과 정의감이 투철한 인물이어야 한다. (존 F. 케네디)
6. 선진화된 사회복지국가의 터전을 마련하는 능력의 소유자라야 한다.
7. 칼 포퍼의 "열린 사회의 적들"에서처럼 우리의 정치발전을 가로막는 가장 암적인 존재는 바로 지역주의다. 누가 지역주의의 목을 칠 것인가. 누가 향우회 정치를 뿌리 뽑을 것인가. 이것이 문제다. 지금 대부분 큰 정치를 꿈꾸는 정치인들은 지역주의를 바탕으로 정치를 하려고 한다. 이것을 극복하는 일이 가장 시급한 일이다.
8. 다음으로 남북문제를 해결하고 통일하는 정치인이 필요하다. 현재 분단된 남북한을 독일과 같이 통일을 하는 경우 한국은 일본과 중국을 능가하는 초일류 국가로 도약할 수 있다.
9. 또한 남북 분단으로 인한 보수와 혁신의 갈등문제를 해결해야 한다. 보수와 진보의 갈등은 보수 꼴통과 좌파 종북 빨갱이로까지 번져서 돌아올 수 없는 강으로 전락하고 말았다. 보수와 진보를 아우르는 제4의 정치혁명을 일으킬 수 있는 능력의 소유자라야 한다.

10. 여기에서 가장 중요한 정치혁명은 바로 정치를 대표하는 대통령에 대한 권한 약화다. 대통령제는 사실상 내각제보다는 덜 민주적이다. 단 국민이 직접 선거를 통해서 뽑는다는 것 이외에는 내각제가 더욱 민주주의적이기는 하다. 정치혁명을 위해서는 내각제로의 혁명이 필요하기는 하다. 미국 역시 간접선거 방식으로 대통령 선거단을 국민이 뽑는 초기의 미국 대통령 선거방식이 틀린 방식이라는 것을 알지만 그대로 유지하는 이유가 절차상 혼란을 초래하기 때문에 오히려 민주주의 발전에 걸림돌이 되기 때문이다.

11. 한국도 정치혼란을 피하기 위해서 대통령제를 그대로 유지하는 것이 정치발전을 위해서 보다 효과적이다. 한국의 대통령제는 몽테스큐의 삼권분립론에 어긋나는 행정부가 가장 큰 힘을 가지고 있는 황제 대통령제다. 따라서 대통령의 힘을 입법부와 사법부에 이관하여 힘을 견제와 균형으로 옮겨 놓아야만 한다. 그러기 위해서는 현재 대통령이 가지고 있는 막강한 힘을 빼야 하는 정치혁명이 필요하다.

12. 그보다 더욱더 시급한 문제는 4년 연임제의 개헌이 시급하다. 현재 한국은 대통령의 임기가 5년 단임제다. 5년이란 시간은 국정운영의 성공을 위해서는 너무 짧다. 따라서 대부분의 5년 단임제 하에서는 뚜렷한 실적을 낼 수가 없으며 처음부터 급하게 시작하지 않으면 5년 안에 매듭을 짓지 못하고 퇴임한다. 그결과 대부분 5년 단임제하의 대통령은 실패한 대통령으로 남게 된다. 따라서 4년으로 하면서 연임하는 미국식 방법이 가장 좋다고 사료된다.

한국은 이제 과감하면서 강력한 정치혁명이 필요하다. 그 혁명은 대통령이 중심이 되어 국민이 주도해 나가야만 한다. 대학생과 노동자와 전 국민이 중심이 되어서 현재 한국정치가 전 세계에서 가장 후진 정치라는 꼬리표를 떼어내고 경제처럼 정치 선진국이라는 찬란하고 영롱한 희망의 미래를 위해서 국민 모두는 일어나야 한다.

참고문헌

김경동, 『현대의 사회학』 박영사, 1981.

김계동, 『한반도 분단, 누구의 책임인가』 명인문화사, 2012.

김계동, 『북한의 외교정책』 백산서당, 2002.

김기홍, 『제왕의 리더십』 휴머니스트, 2007.

김봉중, 『무엇이 대통령을 만드는가』 위즈하우스, 2012.

김채윤 (편), 『변혁기 사회주의와 계급, 계층』 서울대학교 출판부, 1996.

김형배, 『선거인가 도박인가』 우리들, 2006.

김호진, 『한국정치체제론』 박영사, 1991.

박동서, 『한국행정론』 법문사, 1993.

박수영, 『현대사회와 행정』 대영문화사, 2004.

박수철 (역), 『대통령은 없다』 21세기북스, 2016.

이미옥 (역), 『전형적인 미국인』 에코리브르, 2003.

이광규, 『문화인류학』 일조각, 1971.

이준형, 『리더십 먼저 민주주의 나중에』 인간사랑, 2004.

이철희, 『1인자를 만든 참모들』 위즈덤하우스, 2013.

이홍직, 『국사대사전』 지문각, 1968.

정인흥, 『서구정치사상사』 박영사, 1981.

조해경, 『광란의 대한민국 황제대통령제(상)』 채륜, 2016.

조해경, 『광란의 대한민국 황제대통령제(하)』 채륜, 2016.

조해경 (역), 『내각제대 대통령제』 이진출판사, 1999.

조해경 (역), 『광란의 대통령제 대안은 없는가』 힉스, 2012.

조해경, 『침략사상이 된 미국의 프런티어』 법영사, 2007.

조해경, 『악덕유통업자가 된 미국의 신자유주의』 힉스, 2012.

최동희, 『남북한: 갈등, 공존, 통일』 사회문화연구소, 1999.

최 성, 『대통령은 어떻게 탄생하는가』 다산북스, 2012.

한배호, 『현대정치론』 나남, 1990.

Allen, Richard C. Korea's Syngman Rhee. Tokyo: Charles E. Tuttle Co., 1960.

Bardns, William J. ed. The Two Koreas in East Asian Affairs. New York: New York University Press, 1976.

Chien, Frederick Foo. The Opening of Korea. New York : The Shoe String Press, Inc., 1967.

Choi, Won Sang. The Fall of the Hermit Kingdom. New York: Oceana Publications, Inc., 1967.

Cole, David and Princeton Lyman. Korea Development The Interplay Politics and Economics. Cambridge Massachusetts: Harvard University Press, 1971.

Conroy, Hilary. The Japanese Seizure of Korea: 1968- 1910. Philadelphia: University of Pennsylvania Press, 1960.

Fairbank, Hohn K. East Asia: The Modern Transformation. Boston: Houghton Mifflin Co., 1978.

Hatado, Takoshi. A History of Korea, Santa Barbara: University of California Press, 1969.

Lee, Ki Baik, A New History of Korea. Cambridge, Massachusetts: Harvard University Press, 1980.

Moskowitz, Karl, ed. From Pattern to Partner. Lexington, Massachusetts: D.C. Heath and Company, 1984.

Wagner, Edward W. The Korean Minority in Japan. New York: Institute of Poufou Relations, 1984.

Weinsten, Franklin B. and Fusi Kamiya. ed. The Security of Korea: U.S. and Japanese Perspectives on the 1980s. Boulder, Colorado: Westview Press, 1980.

조해경

저자는 국제정치학자, 철학자, 작가이자 수십권의 책을 쓴 한국을 대표하는 학자이며 사회운동에 열정적으로 참여하는 행동주의자이다. 성균관대 행정학과를 졸업하고 동아일보사에 잠깐 근무한 후 현대그룹의 수출창구일원화를 위해서 설립한 현대종합상사의 창립멤버로 입사한 후 얼마 있다가 미국 유학길에 올랐다. 미국에서 가톨릭계통의 학교인 텍사스 주의 세인트 메리대에서 정치학 석사를 마치고 미국 테네시 대(녹스빌)에서 정치학 박사학위를 받았다. 미국에 있으면서 워싱턴 주립대 등에서 강의를 하였다. 십수년 간의 미국생활을 청산하고 귀국한 후 당시 국책연구소인 현대사회연구소에서 책임연구원 겸 정치연구실장으로 연구를 하였다. 그 후 한국정책개발연구소 소장, 외무고등고시위원, 법제처 한국법제연구원 초청연구위원, 성균관대 대학원 초빙교수 등으로 연구와 강의를 하였다. 현재는 서울시립대에서 강의를 하고 있다.

영국 IBC에서 2000년 국제인상을 수상하였으며 1999년 세계인명사전(IBC 99ASIAN-PACIFIC NATIONS)에 등재되었다.

저서로는 《광란의 대한민국 황제 대통령제》 등 50여권의 저서와 역서를 비롯하여「사르트르의 현상학적 정치철학」등 다수의 논문들이 있다.

성공하는 대통령의 통치철학

초판 1쇄 발행 _ 2021년 9월 13일

저　자 · 조 해 경
발행인 · 정 현 걸
발　행 · 신 아 사
인　쇄 · 대명프린팅
주　소 · 서울특별시 은평구 통일로 59길 4 (2F)
전　화 · (02) 382-6411　팩스 · (02) 382-6401
홈페이지 · www.shinasa.co.kr
E-mail · shinasa@daum.net
출판등록 · 1956년 1월 5일 (제 9-52호)

ISBN 979-11-91158-64-9 (03300)
저자와의 협의로 인지를 생략합니다.

정가 14,000원